新制造·工厂运作
实战指南丛书

实战
图解版

PRACTICAL GUIDE

班组管理
实战指南

龚和平　主编

U0319503

化学工业出版社
·北　京·

内容简介

本书由点到面、由宏观到微观地阐述了班组管理。本书由两大部分组成：班组管理的基础篇包括班组在企业中的地位、班组建设要点、班组文化建设与优化、班组士气营造、班组员工心理健康管理；班组管理实操篇包括班组人员管理、班组生产管理、班组生产质量管理、班组设备工具管理、班组安全生产管理、班组成本控制。

本书内容全面、深入浅出、易于理解，尤其注重实际操作，对所涉班组管理活动的操作要求、步骤、方法、注意事项做了详细的介绍，并提供了大量在实际工作中已被证明行之有效的范本，读者可以将其复制下来，略做修改，为己所用，以节省时间和精力。

图书在版编目（CIP）数据

班组管理实战指南：实战图解版/龚和平主编. —北京：化学工业出版社，2021.9

（新制造·工厂运作实战指南丛书）

ISBN 978-7-122-39414-9

Ⅰ.①班… Ⅱ.①龚… Ⅲ.①班组管理-指南 Ⅳ.①F406.6-62

中国版本图书馆CIP数据核字（2021）第127983号

责任编辑：辛　田	文字编辑：冯国庆
责任校对：宋　夏	装帧设计：尹琳琳

出版发行：化学工业出版社（北京市东城区青年湖南街13号　邮政编码100011）
印　　装：大厂聚鑫印刷有限责任公司
710mm×1000mm　1/16　印张15½　字数300千字　2021年9月北京第1版第1次印刷

购书咨询：010-64518888　　　　　售后服务：010-64518899
网　　址：http://www.cip.com.cn
凡购买本书，如有缺损质量问题，本社销售中心负责调换。

定　　价：68.00元　　　　　　　　　　　版权所有　违者必究

前 言

制造业为立国之本、强国之基，推动制造业高质量发展，应成为推动数字经济与实体经济融合发展的主攻方向和关键突破口。要将制造业作为发展数字经济的主战场，推动数字技术在制造业生产、研发、设计、制造、管理等领域的深化应用，加快重点制造领域数字化、智能化，推动"中国制造"向"中国智造"和"中国创造"转型。

制造业是实体经济的主体，新制造则是强化实体经济主体的催化剂。新制造指的是通过物联网技术采集数据并通过人工智能算法处理数据的智能化制造，通过形成高度灵活、个性化、网络化的生产链条以实现传统制造业的产业升级。

相比传统制造业，新制造能够更合理地分配闲置生产资源，提高生产效率，能够更准确地把握用户特性与偏好，以便满足不同客户的需求，扩大盈利规模。传统制造业的多个环节都可以进行智能升级，比如工业机器人可以被应用于制造业生产环节，辅助完成复杂工作；智能仓储、智慧物流可以高效、低成本地完成仓储和运输环节。

在新制造下，在数字化车间，生产链条的各个环节进行积极的交互、协作、感染与赋能，提高生产效率；在智能化生产线上，身穿制服的工人与机器人并肩工作，形成了人机协同的共生生态；而通过3D打印这一颠覆性技术，零部件可以按个性化定制的形状打印出来……

新制造，能够借助大数据与算法成功实现供给与消费的精准对接，从而实现定制化制造与柔性生产。通过大数据和云计算分析，可以把线上消费端数据和线下生产端数据打通，运用消费端的大数据逆向优化生产端的产品制造，为制造业转型升级提供新路径。

基于此，我们组织编写了"新制造·工厂运作实战指南丛书"，具体包括：《生产计划与作业控制指南（实战图解版）》《生产成本控制实战指南（实战图解版）》《生产设备全员维护指南（实战图解版）》《现场管理实战指南（实战图解版）》《班组管理实战指南（实战图解版）》《5S运作与改善活动指南（实战图解版）》《品质管理与QCC活动指南（实战图解版）》《采购与供应链实战指南（实战图解版）》《仓储管理实战指南（实战图解版）》。

"新制造·工厂运作实战指南丛书"由涂高发主持编写，并由知名顾问老师开鑫、龚和平、赵乐、李世华共同完成。其中，《班组管理实战指南（实战图解版）》一书由龚和平主编。

《班组管理实战指南（实战图解版）》一书分为两篇：第一篇为班组管理的基础，包括班组在企业中的地位、班组建设要点、班组文化建设与优化、班组士气营造、班组员工心理健康管理五章内容；第二篇为班组管理实操，包括班组人员管理、班组生产管理、班组生产质量管理、班组设备工具管理、班组安全生产管理、班组成本控制六章内容。

本书的特点是内容全面、深入浅出、易于理解，注重实际操作，对班组管理的操作要求、步骤、方法、注意事项做了详细的介绍，并提供了大量在实际工作中已被证明行之有效的范本，读者可以根据范本内容，略做修改，为己所用，以节省时间和精力。

由于编者水平有限，书中难免会有疏漏之处，敬请读者批评指正。

编者

目 录

第一篇　班组管理的基础

　　班组管理是企业的一个最基本的管理工作，因此要如何有效地进行班组建设，调动组员的干劲实现精益生产，是每一个企业都必须要解决的问题，因此企业对加强班组建设的重要性和做好班组建设的途径与方法应进行积极的探索与思考。

第二篇　班组管理实操

　　班组管理是指以班组自身所进行的计划、组织、协调、控制、监督和激励等管理活动，其职能在于对班组的人、财、物进行合理组织、有效利用。班组工作的好坏直接关系着企业经营的成败，只有班组充满了勃勃生机，企业才会有旺盛的活力，才能在激烈的市场竞争中长久地立于不败之地。

第一篇

班组管理的基础

班组管理是企业的一个最基本的管理工作，因此要如何有效地进行班组建设，调动组员的干劲实现精益生产，是每一个企业都必须要解决的问题，因此企业对加强班组建设的重要性和做好班组建设的途径与方法应进行积极的探索与思考。

本篇主要由以下章节组成。

➩ 班组在企业中的地位

➩ 班组建设要点

➩ 班组文化建设与优化

➩ 班组士气营造

➩ 班组员工心理健康管理

第一章
班组在企业中的地位

导 读

　　班组是企业管理中最基础的一级管理组织，是企业组织生产经营活动的基本单位，是企业一切工作的立足点。班组是企业中基本作业单位，是企业内部最基层的劳动和管理组织，班组在现在企业中也多按照"最小行政单元"来进行划分。班组在企业中非常重要。

学习目标

　　1.了解中小企业中班组的职能、特点、生产任务及在企业中的作用，树立进行班组建设的决心。
　　2.掌握中小企业班组建设的要点——选配高素质的班组长、制定班组建设和运行的规章制度、创建学习型班组活动。

学习指引

序号	学习内容	时间安排	期望目标	未达目标的改善
1	班组的概念及职能			
2	班组的特点			
3	班组的基本任务			
4	班组在企业中的作用			

一、班组的概念及职能

班组是企业组织生产经营活动的基本作业单位，是企业内部最基层的劳动和管理组织。现代企业的管理结构一般是三角形样式，基本上可以分为三层，即决策层（高层）、执行层（中层）、操作层（基层），如图1-1所示。高层"动脑"，中层"动口"，基层"动手"。班组即为基层组织。

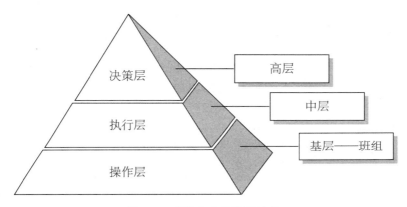

图1-1　现代企业的管理结构

二、班组的特点

中小企业的班组通常具有以下特点。

① 规模小、结构简单——班组作为企业的最基层单位，规模小，成员少，结构简单，通常由"一长五员"组成。

② 管理全——既要做好班组生产系统管理、民主管理和思想政治工作，又要按质、按量、按时完成所承担的繁重的生产任务。

③ 工作细——班组工作非常具体，一般是一人一岗、一事一议。

④ 任务实——上面千条线，下面一根针，班组直接处于安全生产的第一线，企业所有管理内容最终都要落实到班组。

⑤ 群众性——班组工作是一项群众性很强的活动，需要班组长团结员工，集中大家的智慧和力量才能更好地完成。

三、班组的基本任务

班组管理就是对班组生产活动全过程进行的管理工作，也是班组最基本的日常管理活动。其主要任务如图1-2所示。

生产优质产品	无论是生产班组，还是服务班组，都必须牢固树立"质量第一，为用户服务"的观点，做到上道工序为下道工序服务，生产为用户服务，保证生产出高品质的产品
全面完成生产任务	班组生产作业必须保证完成车间、工段下达的任务，实现所规定的班组生产目标，包括产品的品种、质量、产量、产值、速度、成本、利润、安全等重要指标
合理组织生产	严格按定额定员组织生产，加强教育培训工作，充分发挥班组成员的主动性和积极性，充分利用人力资源
减少各种物资消耗	加强物的管理，包括生产资料和生产对象，减少物资和能源的消耗，降低生产成本
做好安全生产	落实加强班组劳动保护和安全生产的技术措施，不断改善班组的生产环境和条件，避免人身和设备事故的发生，充分发挥现有设备作用，确保班组生产任务顺利完成

图1-2 班组的基本任务

四、班组在企业中的作用

班组在企业中的单位虽小，但其作用却很大。

（一）班组是完成生产任务的基本单位

班组管理水平和人员素质的高低，直接影响着产品质量、生产订单的完成情况。如果每个班组都能抓好现场管理，都能够严格执行各项规章、制度和措施，就能为企业取得良好的经济效益和社会效益打下坚实的基础。

（二）班组是运营管理的基础

班组是企业各项规章制度、工作流程、具体工作落实的最终实施单位，通过班组管理落实生产任务，提高业务技能，强化现场管理。每个班组的管理达到了制度化、规范化，也就为企业在管理层面上跨台阶提供了先决条件。

（三）班组是进行队伍建设、提高员工素质的基本场所

班组成员朝夕相处、同甘共苦，便于开展业务技能、文化知识的学习，有利于激发员工积极向上的热情，消除歪风邪气等不良倾向。抓好班组教育，是促进员工素质提高的有效途径。

第二章

班组建设要点

导 读

　　企业班组建设，是指通过有效的手段和方法，在班组内部进行班组文化建设、学习制度及工作制度等的建设，最大限度调动班组成员生产的积极性、创造性，提高班组成员的生产工作技能与综合素质的活动过程。

学习目标

　　1.了解班组建设的要点措施：企业领导要重视班组建设，健全组织、加强领导，营造良好的班组工作氛围，建立班组规章制度，创建学习型班组活动，开展班组达标管理工作，选任高素质的班组长等。
　　2.掌握各项班组建设措施的要求、操作方法、步骤和细节事项。

学习指引

序号	学习内容	时间安排	期望目标	未达目标的改善
1	企业领导要重视班组建设			
2	健全组织、加强领导			
3	营造良好班组工作氛围			
4	建立班组规章制度			
5	创建学习型班组活动			
6	开展班组达标管理工作			
7	选任高素质的班组长			

一、企业领导要重视班组建设

很多中小企业在推进班组建设工作时，都把班组建设当成一项基层的、执行的工作来做，往往缺乏系统的规划和整体的设计。其实，基层班组建设不仅仅是基层班组长的工作职责，更是中高层领导的职责所在。

中高层领导要认识到班组建设的重要性，切实把班组建设与企业发展战略、生产目标、技术安全、科技创新等整体目标有机地结合起来，实行统一规划、统一实施，要对班组建设的工作给予大力扶持和帮助。建设什么样的班组管理模式？建设什么特色的组织文化？需要与企业的战略、文化相结合，企业的人员组成往往呈金字塔结构，基层不但人员数量最多，也承担了企业80%以上的工作任务，所以对于基层班组的建设，不仅仅是局部的工作职能，而要当做全企业长治久安的保障。

二、健全组织、加强领导

为切实加强组织领导，保证班组建设工作健康有序进行，企业要科学设置班组，健全组织机构，为班组建设提供基本的组织条件。

（一）成立班组建设工作领导小组

企业可以成立班组建设工作领导小组，行使指导和监督的职能。领导小组由企业主要负责人任组长，分管领导任副组长，各职能部门的负责人为组员。在班组建设工作领导小组下再成立班组建设工作考核工作小组，具体负责班组达标管理等班组建设工作的检查督促和考核奖惩工作。

（二）基层建立班委会

班组不管大小，都要建立以班组长、小组长、业务骨干等为核心的班委会。班委会的任务是确定班组建设目标，组织班组安全活动、质量活动、民主生活活动等的开展。另外，还可以建立"工管员"制，"工管员"一般包括质量管理员、考勤员、工具材料员、技术员等，管理措施要落实到人头，形成人人有事干、事事有人管的状况。

三、营造良好班组工作氛围

营造良好的班组工作氛围，可以为班组建设奠定基础。

良好的班组工作氛围包括整洁的作业现场、安全的工作环境、融洽的人际氛围、班组成员的合作精神。一个良好的工作环境能有效保证员工的思想稳定，提高员工的工作热情，更加有利于班组凝聚力、战斗力的生成。为此，企业应做好关心员工的工作。领导和员工之间应融洽相处，关心员工生活和工作，为员工办实事，改善员工生活水平，增强企业凝聚力。

在班组生产现场管理中，可以通过导入"6S"管理活动（整理、整顿、清扫、清洁、素养、安全），形成以班组管理为活动平台，以人的素养为核心因素，以整理、整顿、清扫和清洁为环境因素，以安全、环保为目标因素的生产现场动态管理系统，从而为员工创造一个安全、卫生、舒适的工作环境。

四、建立班组规章制度

（一）规章制度的作用

制度一般指要求大家共同遵守的办事规程或行动准则。没有规矩，不成方圆。要进行班组建设，就必须要制定班组的各项管理制度，如质量管理、目标管理、考勤制度等，明确班组内的工作职责、任务和作业程序等。通过制度的建立健全，使班组的基础工作做到工作内容指标化、工作要求标准化、工作步骤程序化、工作考核数据化、工作管理系统化。对所制定的规章制度通常要起到以下作用。

1.指导性和约束性

制度对班组相关人员做些什么工作、如何开展工作都有一定的提示和指导，同时也明确相关人员不得做什么，以及违背了会受到什么样的惩罚。

2.鞭策性和激励性

制度要张贴或悬挂在工作现场，随时鞭策和激励班组员工遵守纪律、努力学习、勤奋工作。

3.规范性和程序性

制度对实现工作程序的规范化、岗位责任的法规化、管理方法的科学化，起着重大作用。制度的制定必须以有关政策、法律、法令为依据。制度本身要有程序性，为班组员工的工作和活动提供可供遵循的依据。

（二）应建立哪些班组制度

1.建立班组例会制度

通过例会的形式讨论班组工作计划并采取多种形式加强落实，确定工作重点并及时总结，使班组工作不断进步。

2.建立班组交流制度

班组交流可以借鉴先进的管理经验、管理知识、工作方法；班组交流可以见微知

著，防止不良现象发生；班组交流可以取长补短，提高认识，统一思想，统一工作方向，形成团结的氛围。

3.班组长个人档案制度

对班组长以考核的形式，考察记录班组长的业务情况、文化水平和先进事迹等，为评先进和评优秀创造条件。

4.建立班组考核制度

实践证明，考核机制是切实可行的管理手段。班组考核制度的建立将有效地促进班组人员荣誉感、责任感的加强，有效地促进班组凝聚力的加强，有效地促进班组竞争意识和竞争技能的提高。

除此之外，还可根据企业的特点建立考勤制度、交接班制度、安全生产责任制制度、安全活动制度、合理化建议制度、节能降耗制度、工艺纪律管理制度、师带徒培训制度、班组学习制度等。

他 山 之 石（1）

班组例会制度

1.目的

为确保各班组管理有序推进，全面强化班组职能，进一步规范班组工作流程，确保班组会议制度化、科学化、规范化、常态化，切实提升班组管理水平，特制定本制度。

2.适用范围

本制度适用于公司所有班组。

3.管理规定

3.1 各班组根据工作安排和实际工作需要，认真开好班组例会，详细做好会议记录，切实解决实际问题，不断改善工作缺陷。

3.2 班前例会

3.2.1 周期与时间：每班前10～20分钟，特殊情况需要延长会议时间由班组临时决定。

3.2.2 参会人员：各班组根据会议内容确定参会人员。

3.2.3 会议地点：各班组根据需要确定会议地点。

3.2.4 会议内容：

（1）班前点名：所有参会人员以班组为单位到指定地点集合，等待班组长点名。

（2）班前排查如下。

① 查衣着：检查工作服穿着情况，有无不符合要求。

② 查安防：检查安全防护用品是否佩戴正确。

③ 查人员精神状态：观察员工是否有班前饮酒、情绪波动等不利于工作的状态，确保员工精神饱满，能够以最佳状态投入工作。

（3）班前学习：根据工作需要，组织学习公司文件、传达公司的会议内容、读书活动交流。

（4）布置工作如下。

① 交问题：分析上一班工作中存在（遗留）的问题。

② 交任务：提出当班工作重点和目标任务，并分解到人。

③ 交方法：明确当班工作的具体实施办法和要求。

④ 交安全：分析存在的安全隐患，制定防范措施，并落实安全责任。

（5）安全宣誓：宣读各班组安全誓言。

（6）会议总结：总结提炼会议内容。

3.3 周例会

3.3.1 例会周期：每周三，上午九点。特殊情况需要延期召开需提前通知各班组。

3.3.2 主持及参会人员：会议由班长负责主持，全体人员参加。

3.3.3 会议内容如下。

（1）会议讨论：

① 对本周的工作进行一个概括性总结；

② 对本周工作中存在的问题分析及改善，同时建议每人提出个人意见；

③ 工作有进展难度时，提出帮助请求，并集体讨论解决；

④ 其他临时性工作的完成情况说明。

（2）会议安排：对下周工作进行部署及安排。

（3）会议总结：总结提炼会议内容。

3.4 民主生活会

3.4.1 例会周期：每月下旬进行。特殊情况需要延期召开需提前通知各班组成员。

3.4.2 主持及参会人员：会议由班长负责主持，全体人员参加。

3.4.3 会议内容如下。

（1）会议讨论：

① 对本月出现的事情进行民主讨论和投票；

② 对本月工作中存在的问题分析及改善，同时建议每人提出个人意见；

③ 对员工工作中有进展难度时，提出帮助请求，并集体讨论解决；

④ 其他临时性工作的完成情况说明。

（2）会议安排：对下月工作进行部署及安排。

（3）会议总结：总结提炼会议内容。

3.5 核心小组会议

3.5.1 例会周期：根据实际情况每月一次，如有特殊情况，根据需要增加会议次数。特殊情况需要延期召开需提前通知各班组成员。

3.5.2 主持及参会人员：会议由班长负责主持，全体人员参加。

3.5.3 会议内容如下。

（1）会议讨论：

① 对本月的工作进行一个概括性总结；

② 对本月班组工作中存在的问题分析及改善，同时建议每人提出个人意见；

③ 工作有进展难度时，提出帮助请求，并集体讨论解决；

④ 其他临时性工作的完成情况说明。

（2）会议安排：对下月工作进行部署及安排。

（3）会议总结：总结提炼会议内容。

3.6 特殊例会

如进行特殊例会时，经队室下达到各班长后由各班长组织进行。

3.7 会议要求

3.7.1 参会人员须准时出席会议，不得迟到，不得无故缺席，确实不能参加例会需请假，参会情况纳入员工考核。

3.7.2 会议精神要落实到工作实际中，不能搞形式主义。

3.8 会议记录

3.8.1 班组中有专人负责会议签到、会议内容记录并做会议考核。

3.8.2 各部门与会人员均应记录会议要点，与本身工作相关内容应详记。

他山之石（2）

班组考核管理制度

1.目的

为加强班组工作管理，充分发挥班组长的职能作用，提高班组长的管理水平，调动班组的积极性，使班组工作再上新台阶，抓好班组基础工作，明确班组长的职、责、权，落实好岗位责任制，严格标准，提高生产质量，降低生产成本，提高生产效益，按时完成计划，确保保质保量供货，完成公司交给的各项工作任务，特制定本制度。

2.适用范围

适用于本公司各班车间生产班组的考核。

3.管理规定

3.1 考核原则

3.1.1 客观公正、实事求是的原则。根据考核条件和标准，实事求是、客观公正地对被考核班组做出恰如其分的评价。

3.1.2 注重工作绩效原则。在对被考核班组进行全面考核的基础上，以完成工作实际效益（数量、质量以及成本相结合）为主。

3.1.3 民主公开原则。考核结果及时通知考核班组。

3.2 考核内容

3.2.1 安全管理：班组生产过程中工伤事故率、设备安全（损坏/故障率）、产品安全三个方面。

3.2.2 文明生产管理：按照现场5S管理要求，检查生产现场的卫生状况、定置管理情况、物料分类管理情况、工艺执行情况等。

3.2.3 专业管理：按照设备操作规程、工艺规范和库房管理流程进行生产及物流管理，规范班组常规工作管理。

3.2.4 质量成本控制：按工艺和质量规范要求生产产品，提高成品合格率和原料利用率，减少质量事故。

3.2.5 劳动纪律：班组员工出勤率、劳动态度以及劳动表现等管理和考核。

3.3 考核方法、程序

3.3.1 车间考核评定执行按月评定，月底结算。

3.3.2 班长对班组工作情况进行检查，并记录，月底汇总，评定考核成绩，并上报考核领导小组。

3.3.3 公司对车间班组进行考核，根据工作效益，进行综合评定。

3.4 考核标准

为明确考核事项，统一考核尺度，特根据目前生产情况制定了考核标准，具体见附。

3.5 绩效考核工资分配办法

3.5.1 班组考核扣罚金中属于给公司造成损失的，用于弥补公司；其他用作车间优秀班组的奖金，用于二次分配。公司也会提供一定奖励资金，用于表彰优秀班组和优秀员工。

3.5.2 班组长负责分配组员的考核奖金，并上报考核领导小组审核。

3.5.3 考核领导小组每季度对车间班组的优秀员工进行综合评定和审核，择优进行表彰奖励。优秀员工总数不得超过一线生产员工的20%，每名优秀员工奖励500元。

附件：考核标准。

项目名称	绩效指标	考核标准
安全管理	工伤事故率0	每一起班组承担医疗费的50%～80%
	设备人为损坏率0；设备人为故障率0	每一起班组承担损失总额的20%
	产品安全：批量质量事故率0	每一起扣罚班组400～1 000元
文明生产管理	现场卫生良好，无积水、杂物；设备无灰尘、油污	如有不符项扣罚班组20元
	定置管理良好，物料摆放有序，标识清楚	如无定置、无标识，随意摆放物料，扣罚班组50元
	严格按工艺规范要求操作，不随意更改	如不按工艺规范要求操作，每查处一起，扣罚班组100元
专业管理	按工艺和设备操作规范进行生产、操作和配料	如不按规范要求操作，每查处一起，扣罚班组100元
	按质量要求进行检测，控制产品理化性能和外观	参照产品封样，如偏差较大，尤其是理化性能不符合要求，考核班组100元。如是质量事故，按质量事故考核标准执行

项目名称	绩效指标	考核标准
专业管理	按库房管理流程领料、入库。生产前先开具领用单，使用指定区域内的原料，准确记载耗用情况；凭检测报告单入库（检验员当班检测或隔班抽检）	不按规定领料、入库以及提供报表扣罚班组100元
质量成本控制	工艺员和质量员按产品标准控制生产以及过程监控，做好首件检测封样，并注意监控生产过程中产品与封样的一致情况，做好记录。每批次产品必须在开机稳定后做好首件检测封样，停机超过8小时需重新封样……能够同时测定熔指和接枝率的，必须每2小时测一次熔指，每生产4吨成品测一次接枝率；只能测接枝率的产品，必须每班测试一次	工艺员和质量员必须规范操作，记录生产条件、测试条件和测试结果，记录清楚、正确。凡检查有不符合项，每项扣50元，如可能引起质量事故的，按质量事故考核标准执行
	在正常情况下，班组开停机料不得超过15千克。回用料必须与成品同时分类入库，供下一班按工艺比例领用再生产	当班产生超额回用料的，每超过1千克扣罚班组100元，如不入库或私自掺入回用而引起质量事故的，按质量事故考核标准处理，并扣罚当事班长50%月工资
	班组必须控制主原料、辅料和包装袋的损耗，主原料和辅料的利用率必须在99.5%以上，包装袋利用率必须在99.8%（每1000个报废2个）以上。每月统计利用率，不能确定具体班组的，由车间共同均摊损失。原、辅料根据采购价赔偿，包装袋5元/个	E类生产用品利用率达不到要求的，根据财务部月末统计承担实际损失
劳动纪律	班组月出勤率必须在98%以上，正常月人均出勤天数26天，请假手续齐全	出勤率每低1%，扣罚班组200元；手续不全，扣罚班长100
	不允许旷工、迟到、早退，否则按规定扣罚	若违规则按规定扣罚当事人
	不允许串岗、脱岗、睡岗、消极怠工、工作时间做私活	违规一次扣罚当事人50元

五、创建学习型班组活动

班组是支撑企业生产经营活动的最基本单位，是实施生产任务的主体，是培育企业学习力和竞争力的最基本土壤，同时也是新时期班组建设发展的必然趋势，因此要努力将班组管理从"制度＋控制"转变到"学习＋激励"的模式。所以，要积极开展创建学习型班组活动，加强培训学习，引导员工树立终身学习的意识。

（一）学习的基本原则

1. 以人为本原则

班组学习要着力于提高员工整体素质，把学习与工作结合起来。工作学习化，使员工体验到生命的价值；学习工作化，使班组不断创新提高。

2. 科学创新原则

必须运用科学的学习方法，敢于创新，勇于创新，在学习中循序渐进，不断改进学习方法，系统地学习新知识，培养班组成员的创造力，推进班组的文化建设，不断改进治理方法，加大技术创新力度。

（二）学习的基本要求

① 班组学习要拥有共同愿景和共同目标，以团队学习为特征，以增强班组学习力、提高班组整体素质为核心。

② 要制定严谨的班组学习实施措施，让班组成员全身心地投入到学习中，使班组的创造力、竞争力和业务能力水平随班组成员创造力的增长而不断提高和强化。

③ 要创造良好的学习氛围，制订明确的学习目标和学习计划。要坚持做到理论联系实际，学以致用，着眼于知识的理解与应用，着眼于解决工作过程中遇到的热点、难点问题，着眼于处理公司发展中遇到的实际问题，结合工作和公司发展的实际情况，制订学习计划，明确学习重点，实现学习目标。

④ 明确学习内容、制定切实可行的学习进程安排。通过有效的学习，树立"终身学习""学习工作化，工作学习化"的思想理念。

⑤ 要采取多种学习形式，促进班组学习的效能。如利用班前或班后会的形式，交流心得、共享经验、共享感悟、共享信息、共享知识，培养班组和个人的系统思考能力，增强危机意识、责任意识、进取意识和竞争意识，共同建立与企业相一致的愿景，满腔热忱地投入工作。

⑥ 建立激励班组学习的长效机制，建立班组日常学习制度，建立不断回顾过去的制度，建立员工自由平等交谈的制度，建立寻找问题、分析问题、解决问题的制

度，不断挖掘员工潜能，员工之间相互支持、相互帮助，使员工在团队的学习中，成为有职业责任感、有理想、有道德、有知识、守纪律的优秀员工。

⑦ 班组成员要根据个人情况做好学习笔记。

（三）学习的具体实施要领

1.学习组织

由班组长负责制订班组成员的集体学习计划，安排学习内容，组织学习活动，监督和跟踪学习活动的成效。

2.学习形式

班组的学习形式可以分为三种，如表2-1所示。

表2-1　班组学习的形式

序号	形式	说明
1	集中培训学习	由班组长按照企业的要求，组织各种专题讲座和脱产、半脱产进修培训计划，起到"传、帮、带"作用
2	集体学习	由班组长根据当前工作需要，综合班组成员提议确立学习主题，指派相关人员准备学习内容，并安排时间、地点由全体班组成员进行集体学习和讨论
3	个人自学	由个人根据自身在工作中的实际情况，选择与自身工作密切相关的知识进行学习，学习的心得如有推广价值，可向班组长申请组织集体学习，由本人向班组成员进行培训

3.学习时间的安排

每次集体学习不少于1小时，每周学习时间不少于2小时，原则上要求不影响正常的工作进行。培训学习可采取Powerpoint（PPT）文件讲解、计算机教程放映、集体讨论的形式，要做到时间、内容、人员、计划、组织的落实。

4.学习内容

包括企业要求必须学习的内容，如企业文化、各项规章制度、行为规范等；班组人员专项学习内容，如业务技能、工作经验、成功及失败案例等。

5.学习的考核评价

① 集体学习活动要做好考勤工作，并根据考勤情况对员工进行考核。

② 对集体学习活动的培训人员给予相应的绩效加分，以激励班组成员积极拓展思路，发掘学习主题，准备学习材料。

一定要事先设定学习考核指标及评价方法，如表2-2所示。

表2-2　班组学习考核指标要素

一级指标	二级指标	三级指标	评价方法
学习目标	目标的确立和认同	工作态度、持续学习与学习工作化、工作学习化的氛围等	现场考察
	实现目标的计划和落实	职业生涯规划	座谈会、调查了解
提升学习力	业务技术能力和技术水平	提高或提高不明显的人数比例	查阅资料、座谈会
	重视团队学习	团队学习计划、学习共享氛围、是否紧密联系工作实际、班组学习制度	现场考察、查阅资料、座谈会等
	学习投入	每周用于组织学习时间、经费保障、设备与现场、制度与载体	问卷调查、现场考察、查阅资料、座谈会等
增强凝聚力	团队精神	相互信任，能平等交流与沟通，团结协作，重视集体荣誉，创新意识等	座谈会
	班组长的作用	知识技能、品德素养，班组表率、核心作用，凝聚班组成员的能力等方面	问卷调查、座谈会
提高执行力	工作效率和效果	工作指标和任务完成情况，零事故、零投诉，工作效率和效果等	查阅资料、座谈会
	各项能力	学习力、执行力、竞争力和创新力，民主管理制度健全，自主管理能力	问卷调查、座谈会
拓展创新力	营造创新氛围	自我超越，"比、学、赶、帮、超"的环境和氛围	问卷调查、座谈会
	实现创新成果	具有创新行为，实施创新计划，合理化建议，技术攻关发明创造，技术创新竞赛，宣传推广创新成果	查阅资料、问卷调查、座谈会
特殊加减分	受到嘉奖或违章违纪被处理	受到和同等级别以上政府、社会团体嘉奖案例；成员因各种违章违纪行为被处理案例	查阅资料

六、开展班组达标管理工作

　　企业可以制定可操作性的达标标准，标准内容力求系统考虑，整体推进，分步实施，同时应把班组达标工作的总目标分解到每个员工，通过强化绩效考核，细化目标管理，确保企业总体工作目标的完成。

　　为配合企业推进达标工作，企业还应建立有效的激励机制，定期进行优秀班组和优秀员工的评比，以鼓励先进班组和个人。

班组达标管理标准

1.目的

明确和规范班组达标管理、考评标准与具体要求。

2.适用范围

适用于全公司班组。

3.职责

3.1 综合管理部负责班组达标管理考评汇总、通报、专业部门考评监督和班组达标考核综合管理工作，负责本文件的解释、修改和完善工作。

3.2 各部门、生产作业区负责本专业考评项目的考评和上报工作，组织本部门班组的检查和考评。

4.管理规定

4.1 班组达标管理及考评总体要求

4.1.1 班组评比分为优秀、良好、合格、不合格四个级别。

4.1.2 班组晋级严格按照集团公司《班组建设管理办法》《现场管理标准》和××公司班组达标管理考评标准进行严格考评，考评分达到哪一级即可晋升至相应的级别，不逐级晋升。

（1）包括发生轻伤及以上人身事故、严重"三违"和险肇事故的，一票否决降为不合格班组。

（2）严重违反厂规厂纪、打架、斗殴、旷工2人次等情况的，一票否决降为不合格班组。

（3）开展班组经济核算和工时定额考核的班组，不能完全自身承包经济指标的，不得申报考评优秀及以上班组。

（4）化验组与设备维修部班组一同考评。

4.2 班组达标管理及考评具体要求

4.2.1 总经理任考评工作组组长，副总经理任副组长，组员由综合部、安监部、生技部、企管以及班组长代表组成，生产作业区、设备维修部由部长/首席主抓班组达标管理工作。当部门出现考评工作组成员调整时，考评工作组组长有权根据情况调整考评工作组成员。班组长代表有权监督考评工作组考评过程及考评结果。

4.2.2 各专业部门考评表必须按时上报综合管理部。

其中：

（1）安全管理、文明管理评分由安监部负责组织安全网络责任成员及相关主管进行考评；

（2）生产管理由生产作业区首席负责组织运行专业人员进行考评；

（3）设备管理由设备维修部部长负责组织设备专业人员进行考评；

（4）技术管理由生产技术保障部主管负责组织技术网络人员进行考评；

（5）基础管理由综合部经理负责组织相关作业区主管进行考评。

4.2.3 每月至少进行2～3次日常不定期的跟踪检查，将各项检查结果结合起来汇总考评。

（1）包括生产任务的落实、操作质量、管理体系文件的执行、"5S"管理、"无违章"班组、职工培训、班容班貌、文件的保管与学习、原始记录的规范、岗位练兵等达标活动。

（2）各专业部门对全公司各班组检查的评分结果由综合管理部组织汇总，全公司实施定量打分、定性分析、月汇总、总结评比、季度奖励。

（3）优先奖励一线班组，先后顺序：锅炉、汽机、电气、化学/化验、服务专业。

4.3 检查考评汇总

评分达到90分及以上的班组晋升优秀班组，良好班组评分为80分及以上，合格班组评分为65分及以上，评分为65分以下的班组为不合格班组。不进行降分评比。

4.4 全厂班组奖励形式

生产运行、检修系统各奖励前4名班组，但班组评分必须达到88分及以上。

4.5 奖励办法

（1）人均奖励分别为200元、150元、100元、50元，班长的奖励为班组成员人均数的2倍，安全员的奖励为班组成员人均数的1.5倍，不重复奖励。

（2）进行全厂批评通报，如连续评比为倒数第一、二名的班组，考核班员人均30元，班长的考核金额为班组成员人均数的2倍。

4.6 考核

4.6.1 各部门、检查人员不按班组达标管理考评标准进行考评，凡出现不负责任、无依据乱打分、分级责任不落实者，相关负责人每人次考核2～3分。

4.6.2 各专业部门考评表在次月6日前逾期不报综合管理部，每拖延一天，考核相关负责人2分。

4.6.3 各部门检查人员没有进行检查、凭印象打分者、打分出现较大失误者，每起考核相关负责人2～3分。

附录：班组达标管理及考评标准。

标准内容	标准分/分	考评标准	考评单位	考评得分
1.严格执行规程、"两票三制"、各类制度。做到安全生产无事故，班组成员无"三违"现象、无事故发生，严禁隐瞒、谎报或在调查中弄虚作假；严禁无理拒绝调查；严禁拒绝提供相关资料等	40	1.发生一般及以上生产、设备、火灾事故及影响较大的一类事故的班组；轻伤及以上人身事故及严重"三违"和肇事事故的，一票否决，降为不合格班组。每起事故扣12分，异常每起扣6分 2.工作票、操作票执行不好、不严格扣2分，不按要求执行扣3～4分 3.发生事故隐瞒、谎报或在调查中弄虚作假；无理拒绝调查、拒绝提供相关资料等，一票否决	安全主管、安全网络责任成员	
2.每月进行安全月考试、月抽考，安全教育切合实际，有实效		安全教育流于形式扣1～2分，不按要求进行扣2分		
3.劳保穿戴齐全并符合要求		劳保穿戴、衣冠不整齐、不符合要求每起扣1～2分		
4.每周进行安全活动，内容重实际、活动质量高		安全活动流于形式扣1分，不按要求开展活动的扣2分；安全活动内容流于形式扣1～2分，不按规定的活动内容进行扣3分		
5.危害辨识掌握、执行有效		危害辨识掌握不好，每起扣1～2分；操作中危害辨识不全面，执行不好扣2～4分		

续表

标准内容	标准分/分	考评标准	考评单位	考评得分
6.按要求进行安全检查工作，点检及时、准确，并有记录。隐患整改及时、措施有效	40	整改不及时、彻底，措施不得力，每起扣2～3分；出现不符合每起扣2～3分	安全主管、安全网络责任成员	
7.职工熟知安全制度、规程和专业安全知识；熟知厂发各类安全文件、资料内容		出现不符合每人次扣1～2分		
1.文明生产、文明施工	5	操作、施工不文明扣1～3分，操作和施工现场杂乱、无序扣2～3分	现场卫生	
2.专区卫生		专区卫生有死角扣1～2分，卫生大面积不合格扣4分		
3.岗位、现场、设备卫生		岗位、现场、设备卫生有死角扣2分，卫生大面积不合格扣4分		
4.定置摆放		物品不按定置要求放置扣1分，随意乱扔物品扣2分		
5."跑、冒、滴、漏"整治完成		"跑、冒、滴、漏"未及时整治扣2分，整治无效扣4分		

生产、设备管理

标准内容	标准分/分	考评标准	考评单位	考评得分
1.操作无漏项、无差错	25	操作有漏项、差错扣2分，出现重大失误扣4分	生产作业区	
2.交接班良好		交接班执行不好扣1分，不按规定进行交接扣2分		
3.巡回点检执行良好		不按规定点检每起扣1～2分		
4.定期工作		没有进行定期工作扣2分，定期工作完成不好扣1～2分		
5.台账、表记及时记录		台账、表记提前或滞后记录扣1分，记录出现错误扣1分		

续表

标准内容	标准分/分	考评标准	考评单位	考评得分
6.班组经济指标完成情况与核算	25	班组经济指标完成不好扣1～3分，经济分析措施流于形式扣2分，不组织分析扣3分	生产作业区	
7.生产、操作任务完成及时性		操作有拖延扣1分，不认真配合扣2分		
1.检修计划完成率	25	检修没有按期完成、完成不彻底、有漏项等扣2～4分	设备维修部	
2.检修无返工		出现返工扣2～4分		
3.消除缺陷及时		消除缺陷不及时、有拖延等扣1～3分		
4.设备台账、试验报告等资料齐全		台账、资料不齐全扣1～3分		
5.经济指标完成情况与核算		班组经济指标完成不好扣1～3分。经济分析措施流域形式扣2分，不组织分析扣3分		
6.现场检修服务		检修服务不及时、不到位，扣1～3分，现场服务发生一起投诉事件扣4分		

注：生产作业区考评生产管理部分内容，设备维修部考评设备管理部分内容，以考评单位划分开进行评比。

技术管理

标准内容	标准分/分	考评标准	考评单位	考评得分
1.操作、检修质量达标	20	工艺质量不达标每起扣2分，严重不达标每起扣3～4分	生技部	
2.各项参数符合规程标准		违反规程规定扣2～4分。出现不符合每起扣2分		
3.试验、分析报告准确齐全		各项原始记录不符合规定扣1～2分，各类原始资料不准确扣1～2分，原始、技术资料不齐全扣1～2分，各类原始资料、工艺记录等弄虚作假扣2～4分		

续表

标准内容	标准分/分	考评标准	考评单位	考评得分
4.QC活动每月进行	20	QC活动进行不好扣1分，不进行扣2分	生技部	
5.按要求进行技术培训		没进行培训和相关技术考试等每起扣2分		
6.每月有合理化建议、小改小革，有技术攻关、技术创新项目		每月没有合理化建议，技术创新项目等扣1～2分。附加：合理化建议、小改小革，技术攻关、技术创新项目获得公司奖励时对班组奖励4分		

基础管理

标准内容	标准分/分	考评标准	考评单位	考评得分
1.执行百分制考核。工时定额实施	5	百分制考核执行不严扣1分，不执行扣2分；工时定额执行不好扣1分，不按定额执行扣2分	各部门	
2.缺陷、消缺记录		记录不及时扣0.5分，不按规定记录扣1分		
3.劳动纪律		违反职工管理办法每起扣1分		
4.各类台账、表计、原始资料、技术档案等记录准确、无误		各类记录不准确、出现错误，一处扣1～2分		
5.各类文件、制度保管齐全		文件保管不齐全每起扣1～2分，文件有损坏、乱写乱画、破损等每处扣1～2分		
6.职工培训		没有按职工培训计划开展工作，每起扣1分，培训工作开展不认真，每起扣1分		

文明管理					
标准内容	标准分／分	考评标准		考评单位	考评得分
1. 综合治理	5	发生吸毒、被公安部门收审，发生综合治理案件或违反计划生育政策的，一票否决，降为不合格班组		综合部	
2. 员工形象		发生口角、谩骂扣2分，发生打骂、殴打、违规事件，否决班组评比；员工衣冠不整齐、上岗不精神、不礼貌扣1～2分；员工用语不当、传送信息不规范，每起扣1分			
3. 班组会议记录		班组会议、民主生活会记录不按要求进行和记录，各扣1分			
4. 民主管理、班组公开		不按要求进行法制学习及没有学习记录，扣1分；民主管理、班务公开工作达不到要求扣2分，出现严重情节否决班组评比			
5. 遵守厂规厂纪		违反厂规厂纪情节扣2分，严重违反厂规厂纪、打架、斗殴、旷工等（情节比照职工管理办法），否决班组评比			
6. 考勤记录		考勤记录不及时扣0.5分，不记录扣1分			
7. 出勤率		出勤率达不到公司规定扣1分			

七、选任高素质的班组长

班组长具有生产者、组织者的双重身份。如果把班组比作"细胞"，班组长就是"细胞核"。作为"兵头将尾"的班组长具有承上启下的作用，如何任免一个让组员信服的班组长是班组建设当中一件相当重要的事情。所以，加强班组建设的首要工作是选准、配好班组长。要根据实际情况，严格班组长的准入条件，制定班组长的任用标准。

（一）班组长的任职能力

通常而言，班组长应具备以下几方面能力。

1. 较强的业务能力

班组长首先要具备很强的业务能力，具体包括以下内容。

① 要具有岗位资质、要持证上岗。

② 有解决突发事件的能力。在遇到突发事件时，班组长要能果断告诉员工怎么做。

③ 有对台账、原始数据的汇总、分析能力。班组长要能够通过对原始数据的记录、积累、分析，发现问题，找出原因，然后加以解决。

2.较为全面的管理能力

班组长只有业务能力是不够的，应该具备较为全面的管理能力，即要能懂得引导培养团队，把本班组人员的工作积极性发挥到极致。管理能力具体体现在如图2-1所示几个方面。

要会排班	如何用最少的人做最好的事，这是班组长管理能力的核心。班组长要敢于尝试对不同的生产订单、不同的人员采用不同的排班方式，以更好地利用人力资源，既让员工得到充分休息又能做好工作
要有协调能力	班组长既要协调好本班组成员的工作与学习，也要协调好与本岗位工作内容相关的其他班组（上下工序之间的协调）的关系，做好沟通
要有激励员工的能力	人的性格不同其做事风格也有所不同。班组长要针对不同的员工，采取不同的沟通和激励方式：对犯错的员工要及时给予指导，对办事得力的员工要及时给予鼓励；对涉及员工利益的事，还要组织员工集思广益，及时反映，努力争取，积极维护员工利益
要懂绩效管理	绩效管理的关键环节是KPI（关键绩效考核指标）的设置和分配。班组长首先要清楚自己班组的工作职责是什么，自己需要员工做好什么，然后要让每个员工清楚班组要做什么，他们自己要做什么，并且在考核完以后要对员工有所反馈
要有整理能力	不仅要整理好工作场所和工作台面，使之干净、整洁，还要学会用图表等管理工具理清工作进程和思路，汇总分析工作收获，发现工作漏洞和不足

图2-1 班组长的管理能力体现

3.较强的教育能力

班组长应该具备很强的教育能力，要有把徒弟带得比自己优秀的决心，具体表现如图2-2所示。

要会学习	俗话说，"教人一滴水，自己要有半桶水；教人一碗水，自己要有一桶水"。企业通常会给员工提供很多学习培训的条件和机会，班组长就要充分利用这些条件和机会，多看书学习，及时更新头脑中陈旧的知识和见解
要会教人	有些班组长和成员之间差距太大，班组长自己能力很突出，但是班组成员的能力太弱，这就要求班组长像师傅教徒弟一样手把手地去教导班组成员，这样整体素质才能提高
要有创新和挑战能力	班组长要敢于挑战，勇于创新，敢于对岗位上陈旧的、司空见惯的事情提出质疑，要敢于对不合理的工作流程发表自己的见解
要有课件编写的能力	在班组长的实际工作中会接触到很多工作案例、流程、方式方法，这些都可以编写成文，以便传授给班组成员和后来者，有利于积累学习

图2-2 教育能力的表现

4.较强的人格魅力

班组长要有较强的人格魅力，这种魅力来自以下方面。

① 做有品位的人。注重自己的着装修饰、言行举止。为人处世公平、公正，使自己更有吸引力、更有涵养、更有号召力。

② 有爱心和奉献精神。要真诚地关爱员工，把不便留自己，方便留给他人。

③ 要明辨是非。当公司有重大变革时，班组长应积极予以支持和理解，不人云亦云，对不理解的员工及时进行解释，使班组员工能够理解并执行。

④ 有较强的抗压能力，也就是面对困难时，承受力要强。在生产一线的班组长，最需要正视困难和解决困难的信心及勇气。

（二）班组长管理要把好"三关"

加强班组长管理要把好"三关"，即准入关、培训关、履职关。

1.准入关

班组长应当具备下列条件。

① 良好的政治素质，较高的"执行力"。

② 较高的业务素质，必须是本班组的业务尖子。

③ 较高的管理能力，善于团结职工，发挥队伍的整体功能。

④ 较好的模范带头作用，关键时刻身先士卒，起凝聚人心的作用。

⑤ 一定的文化程度，满足班组管理的需要。

2. 培训关

班组长是班组的领头羊，要想在班组实施精细化管理，必须对班组长进行精细化管理全方位的培训，使他们思想上重视，技能上提升，然后才能带领全班组进行精细化管理。建立健全培训机制，采取脱产培训与业余培训、普遍培训与针对性培训、系统理论培训与现场操作培训、业务技能与规程学习培训、生产管理与安全管理培训"五个结合"的方法，多层次、多渠道地对班组长进行培训教育，提高班组长综合素质。

3. 履职关

班组长的职能就是抓生产、抓安全、抓质量、抓现场交接班、抓班组经济分配。所以必须不断加强班组长对自身职能的理解，提高履行本岗位职责的能力，正确处理生产任务与安全质量、经济效益的关系，促使班组这个企业"细胞"始终保持旺盛的机能。

班组长的选拔任用制度

1. 目的

班组长的选拔任用制度本着公开、公平、公正的原则选聘班组长，不仅能增强员工的竞争意识，还能提高员工的工作积极性，给有能力的员工一个展示自我的平台，淘汰部分不思进取的员工；另外，有利于打造学习型班组，为打造一支高素质的班组团队奠定坚实的基础。

2. 适用范围

适用于本公司各车间生产班组长的选拔与任用。

3. 管理规定

3.1 竞聘班组长的条件

3.1.1 50岁以下，高中或以上文化，身体健康，热爱班组管理工作。

3.1.2 必须具有过硬的理论基础、实际操作能力和丰富的现场实践经验。

3.1.3 必须具有高度的责任感，能以身作则，吃苦耐劳，有千方百计完成任务的决心和信心。

3.1.4 有良好的群众基础和良好的职业道德，本班职工信得过，群众威信较高。

3.1.5 团队意识较强，有较清晰的管理思路，协调能力和沟通能力强。

3.1.6 有较好的表达能力、演讲水平和应变能力。

3.1.7 凡需持证上岗的岗位，竞聘其班组长，需持有相应的上岗证。

3.2 成立选聘班组长工作组

根据定岗定编、公开透明、择优上岗三大原则，公司特组成竞聘工作组，竞聘工作组的职责如下。

3.2.1 在认真调研和分析的基础上，对现有班组和岗位进行统一梳理，明确班组设置及相应的职责。

3.2.2 明确班组长竞聘上岗的条件和要求，通过有序组织竞聘和对竞聘人员近年工作成绩、基本素质和工作思路等综合考核后择优选出各班组长。

3.2.3 在对班组长进一步进行岗位培训的基础上，按照效率优先、兼顾公平，多劳多得、优劳优酬的原则，对效益津贴分配实行配套改革。

3.3 竞聘班组长的原则

竞聘应该本着公平、公正和公开，坚持平等竞争、择优任贤的原则。

3.4 竞聘班组长的程序

3.4.1 公布竞聘原则、竞聘的职位及人数、范围、竞聘条件和聘任期限、竞聘程序以及时间进度安排。

3.4.2 竞聘分笔试、操作技能、综合面试三大板块进行，其中，笔试占20%，操作技能占30%，综合面试占50%。

3.4.3 笔试题目由竞聘岗位负责人负责草拟，班组长竞聘工作组汇编。

3.4.4 操作技能方面，由考评组现场指定进行技能考试。

3.4.5 综合面试以述职为主，内容包括个人经历、对岗位的认识、管理思路、个人优势与不足4个方面，时间不超过5分钟。

3.4.6 答辩由评委现场提问，内容包括工作思路、组织能力、沟通能力、应变能力等几方面，时间不超过10分钟。

3.4.7 最后评委根据表达能力、应变能力、演讲水平、现场测试等几方面以不记名方式评分，取平均值算出分数。

3.5 班组长的聘用

严格执行选拔、聘用、解聘的条件和程序。实行班组长选聘制，原则上聘期为1年。工作业绩显著者可以连任，不胜任者依据有关规定和程序随时解聘。

第三章

班组文化建设与优化

导 读

　　优秀的班组文化对企业的发展具有重要的意义。"文化到员工，管理到班组"，加强班组文化建设，可以提高基层员工对企业的认同，统一员工思想认识，增强班组内部凝聚力，塑造充满活力的企业氛围，提高工作效率。

学习目标

　　1.了解什么是班组文化及班组文化的内容，从思想上要重视班组文化的建设。

　　2.了解班组文化建设的形式和基本流程，能结合企业的实际来善加运用。

　　3.掌握优化班组文化的一些方法、要领，并灵活运用于企业管理中。

学习指引

序号	学习内容	时间安排	期望目标	未达目标的改善
1	班组文化及其作用			
2	班组文化建设的内容			
3	班组文化建设的形式			
4	班组文化建设的基本流程			
5	班组文化建设的优化			

一、班组文化及其作用

班组文化就是以班组为主体，在统一的企业文化理念指导下形成的基层文化，也就是企业中的班组内全体成员的知识、智力、意志、特性、习惯和科技水平等因素相互作用下的成果。

班组文化是以班组成员为主体，以业余文化活动为主要内容，以班组内部为主要空间，以班组精神为主要特征，以生产效益为主要目标的一种小群体文化，是班组管理的灵魂。

班组文化之所以能够表现班组的风格，就在于每个班组的成员组成、工作性质、工作内容的特殊性。班组文化对于一个班组，乃至于整个企业来说有重要的作用，如图3-1所示。

作用一 ▷ **良好的班组文化有利于实现班组的共同目标**

一个班组是一个企业的缩影，只有成员之间树立共同的愿景理念、共同的文化心理，才能建立起员工间相互认同、相互聚合的基础

作用二 ▷ **良好的班组文化有利于协调好班组成员的关系**

班组里气氛和谐、关系融洽是班组成员发挥工作潜力的重要外部条件。员工在良好的相互沟通与合作之中，就会形成班组的共同语言、共同思维方式、共同行事准则，有利于形成积极向上的氛围

作用三 ▷ **良好的班组文化有利于企业文化的建立**

一个有荣誉感、有战斗力的班组一定是在执行这一环节做得较好的班组。建立良好班组文化的目的就是塑造一种员工乐于服从、强于执行、相互尊重、志同道合的团队目标

作用四 ▷ **良好的班组文化是形成班组共同价值观的基础**

共同价值观能够对班组内个体成员的行为产生约束和影响，并逐渐形成自身的行为规范。这种规范同时也表现出这个班组的行为风格与准则

图3-1　班组文化的作用

二、班组文化建设的内容

（一）班组文化的理念系统

每个班组都有自己的文化，只是文化也有正向和负向之分；有能起到促进作用的，也有能起到破坏作用的，可以说是良莠并存。而班组文化理念建设就是一个重新界定、规范的过程，将班组文化中优的部分进行提炼、总结和固化，而将其中劣的部分去除掉；同时基于管理理念的发展和班组自身发展的需要，进行有益文化的补充，简单来说就是一个"存优、去劣、补益"的过程。通过班组理念层面的建设，班组员工首先在理念层面，对班组追求什么、倡导什么、反对什么达成共识。班组文化理念建设包括核心主文化和要素子文化两大部分。

1.班组核心主文化理念系统

班组核心主文化理念系统主要包括：

① 班组口号———班组核心理念的表达；

② 班组使命———班组"为什么而存在"的根本思考；

③ 班组宗旨———班组如何实现使命的根本主张；

④ 班组目标———班组实现使命的愿景和梦想；

⑤ 班组哲学———班组走向卓越的思维方式；

⑥ 班组价值观———班组经营的成功法则；

⑦ 班组精神———班组走向卓越的精神支柱。

2.班组要素子文化理念系统

主要包括以下部分内容，每个班组都需要根据自身的管理目标和业务特点，选择 5~6 项关键要素，进行文化理念建设：

① 班组安全理念；

② 班组学习理念；

③ 班组服务理念；

④ 班组客户理念；

⑤ 班组绩效理念；

⑥ 班组质量理念；

⑦ 班组成本理念；

⑧ 班组团队理念。

（二）班组文化的表现系统

班组文化的表现系统即班组文化外在表现形式和载体，是卓越班组优秀文化成果和文化渗透的工具。包括班组标志（Logo）、班组名片、班组之歌、班组影集、班组文化墙、班组文化故事集等。

（三）班组文化化育系统建设

建设班组文化化育系统，就是建设文化的催化机制、文化的管理环境，搭建文化的推进平台，策划系列的文化推进活动，如文化环境氛围的建设、每日一反思、每日一对标等。

某石化厂的班组文化内容

某石化厂重点围绕"五型班组"创建工作开展活动，加强安全型班组建设，保证企业安全生产；加强清洁型班组建设，提升班组标准化管理水平；加强节约型班组建设，推动降本增效工作深入开展；加强学习型班组建设，提升班组成员综合素质，打造一支富有战斗力的员工队伍；加强和谐型班组建设，培养员工互敬互爱的团队精神；着力养成"标准先行、5S管理、文化兴企、品牌建设、诚信守法、感恩奉献、创新创效、团队共建"等符合时代特征和班组建设需要的理念，培育形成了班组文化五个形态。

一、班组安全文化

安全是企业生存的基础，也是班组发展的基石。石化厂始终将装置安全生产放在重中之重的位置，不断加强班组安全文化建设，引导班组员工认真践行"环保优先、安全第一、以人为本"理念，严格执行集团公司"反违章六大禁令""HSE（Health Safety and Enviromen）九项原则"等管理规章制度。同时，加强班组员工的安全教育和培训，使班组员工熟练掌握上锁挂签、目视化管理、工艺危害分析等HSE体系（质量健康安全体系）建设工具；加大应急演练力度，提高班组员工的应急处置能力，班组员工思想观念也逐渐从"要我安全"转变成"我要安全"，员工的安全意识和能力有了质的飞跃。同时，在石化厂的大力支持下，各班组建立安全文化园地、安全亲情园地、安全警句园地、安全案例分析园地等，不断深化班组员工安全理念。在此基础上，公司石化厂不断完善安全责任制，规范班组成员的安全职责，将"我要安全、我能安全"的安全文化理念贯穿到班组的建设全过程，让员工家庭共享班组安全文化成果，助推班组安全文化建设由理念渗入实践，由无形化为有形，由墙上、网上走进班组安全管理的每一项流程，为班组安全生产提供了坚实的思想保障。

二、班组学习文化

学习是员工不断进步的前提，而一支学习能力强、技术水平高的员工队伍是企业生存和发展的基础。石化厂高度重视培育班组学习文化，通过建立岗位练兵台，开展技术大比武、技能鉴定、技能竞赛等活动，不断提高班组员工的学习意识、争优意识。同时，石化厂通过完善党员"一对一"帮扶、兼职教师队伍建设、"导师带徒"等机制建设，建立了体系健全、机制完善、功能合理的员工培训教育体系。

三、班组管理文化

标准化管理是实现清洁型班组建设的基础，也是提高设备完好率、实现装置安稳、优化生产的保证。石化厂不断推行班组标准化、规范化管理，将班组日常管理与现场目视化、5S管理相结合，推行现场作业物品定置摆放、"十字作业"和工完料净场地清，员工做到"两上岗、两整齐、两不准、五干净、七不见"。

两上岗：员工上班持证上岗、劳保护具上岗。

两整齐：各类物品定置管理，摆放整齐，标识明显；基础资料归类科学，摆放整齐，及时记录、书写规范。

两不准：各类施工作业没有"作业票"一律不准开工；各类人员进入装置区不准携带各种火种。

五干净：始终保持门窗、桌椅、地面、墙壁和资料柜干净整洁。

七不见：装置区不见积灰、积水、积油、痰迹、污渍、杂物和闲杂人员，始终保持干净整洁。

四、班组节约文化

降本增效是提高企业经济效益的有效手段。企业管理最基本的单元已划分到班组，这也就意味着班组已需要承担消耗核算、成本控制等经营管理任务。在班组中大力推行节约文化建设对企业推进降本增效工作具有重要的意义。石化厂在班组中大力推进"从一做起"活动，号召全体员工从节约一节铅丝、一团棉纱、一块钢板、一节焊条、一度电、一两涂料、一寸管材、一颗螺栓、一尺电线、一滴油、一滴水、一张纸、一支笔、一分钱做起，不断培养员工的节约意识。

五、班组和谐文化

和谐文化是班组文化的核心。没有和谐的氛围，班组建设的各项措施、部署必将大打折扣。事实证明，加强和谐型团队建设，不断提高队伍的凝聚力，充分调动员工的积极性，促进员工能力和特长的发挥，是提高班组建设水平，促进企业良性发展的前提。石化厂加强和谐型班组建设的过程中，不断深化班组文体活动阵地建设，大力倡导"快乐工作，健康生活"理念，配置文体设施，让员工工作之余可以就地开展小型文体活动，尽可能满足不同文体爱好者的活动需求，为员工提供一个舒心的工作氛围；突出人性化管理，关注员工思想动态，着力构建"家"文化；规范完善班组民主管理制度，畅通了职工利益诉求渠道，及时化解劳动关系中的问题和纠纷，有力地促进了和谐劳动关系建立与和谐班组建设。

三、班组文化建设的形式

围绕班组文化建设的基本内容，采取灵活多样的形式（图3-2）开展活动，班组文化建设才能取得理想的效果。

班组集体活动	班组要定期组织集体活动，如开展运动竞赛、户外素质拓展活动等，组织一些集体、郊游、聚餐、辩论赛等活动
班组文化墙	班组文化墙是班组的宣言、标语、口号、定期活动通知、活动成果等情况的展示平台，可以将班组内的先进事迹和案例显性化在文化墙上。班组长应根据班组文化建设的情况，定期组织更新班组文化墙的内容
班组文化博客	文化博客是班组文化建设的阵地，各班组博客必须上传班组成员的集体照、个人照，并附个人简介。班组文化博客要定期更新；班组成员需每周或每月在博客上发表一次博文
班组文化故事集	组员围绕企业核心理念，记载身边发生的有关企业文化的故事，把工作和生活中有关企业文化的点滴写成故事案例，交给各班组长。企业文化负责部门将收集到各个班组的故事案例进行整理、挑选、整合成册，一年出版一册《班组文化故事集》
活动积分激励计划	个性化的积分制度能激发员工参与班组文化建设的积极性。员工积分可兑换礼品：学习发展类（经典培训、精品讲座、外出交流等）；休闲活动类（演唱会门票、电影票、假期等）；消费类（优惠券、实物等）等

图3-2　班组文化建设的形式

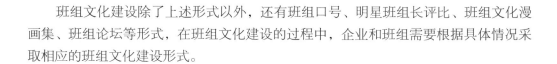

班组文化建设除了上述形式以外，还有班组口号、明星班组长评比、班组文化漫画集、班组论坛等形式，在班组文化建设的过程中，企业和班组需要根据具体情况采取相应的班组文化建设形式。

四、班组文化建设的基本流程

班组文化建设是一个动态的过程，需要持之以恒。一般而言，在班组文化建设的一个周期内包括组织计划、集中建设、监督检查、总结提升四个环节，即PDCA的闭环管理模式。

（一）组织计划

组织计划的工作主要包括：

① 成立班组文化建设组织，明确职责分工；

② 制定班组文化建设规划和方案；

③ 召开班组文化建设启动大会，宣传和落实班组文化建设的目的、意义，使广大员工了解班组文化建设的基本内容、方法和流程。

某机修班组建设方案

班组是完成企业生产经营各项任务的最前沿"小分队"，是企业的"细胞"。而班组文化是团结凝聚班组全体成员的桥梁和纽带，是班组建设的核心内容。某机修班组始终把班组文化建设作为提高职工队伍素质、服务制丝设备的一项重要工作来抓，同时和精益生产相结合，相互促进，以推动企业稳步快速发展。20××年，制丝车间机修班组立足班组实际，从几个方面加强班组文化建设，具体开展了以下工作。

一、建立班组文化体系工作小组

组长：王××

副组长：刘××

成员：王××（创新管理）、程××（信息宣传）、杜××（安全管理）、陈××（目标核算）、李××（团队管家）、王××、（质量监督）

二、建设班组文化展示园地

通过班组名片设计、目视化管理的方法把班组重点指标的完成情况、专题活动、5S改善等内容展现出来，为班组提供一个展现自我业绩和活力的平台。

1.班组队名：和谐共进。

2.班组队标：图略。

3.班组愿景目标：建造企业"强基固本"基础工程、努力实现设备"三零"突破（零故障）。

4.班组工作理念：顺畅来自责任、便捷来自创新。

5.班组口号誓词：我是××人，我将牢记岗位职责义务，精专业、保安全，重质量、零差错，忠诚企业，积极工作，为共塑"××"品牌形象而努力奋斗！

6.班组公约：

（1）不迟到，不早退，按时完成工作任务；

（2）心平气和，相互尊重，共同进步；

（3）沟通及时，信息共享，团队合作；

（4）实事求是，以诚待人，相互信任；

（5）认真负责，一丝不苟，不留问题；

（6）刻苦钻研，深入思考，学无止境；

（7）同样的错误不再犯；

（8）干净整洁，爱护环境，尊重他人的劳动成果。

7.班组看板。

（1）看板一：制丝线故障停机率、万支综合能耗≤4.619千克、专题活动的进展。

（2）看板二：学习园地（一日一问、一周一学、一季一考内容）、创新展示、问题警示等内容。

（3）看板三（班组管理）：日常工作流程图、每月之星等内容。

（4）看板四（精神家园）：员工风采、幸福公告栏等内容。

班组文化展示园地建设（20××年6月20日～20××年7月20日）。

三、开展系列专题活动

1.开展"八大行为习惯"工程

加强维修人员的养成教育，把班组管理理念、管理制度融入管理实践和岗位规范，实化为每位员工的行为习惯，形成具有机修班组特色的"八大行为习惯"：① 每日晨会进行集体列队宣誓的习惯；② 维修前佩戴安全防护用品、维修中严守按规的习惯；③ 一日一问、一周一学相互交流学习的习惯；④ 系统思考、系统解决问题的习惯；⑤ 在第一时间解决问题、从深层次防止问题发生的习惯；⑥ 精细执行、细中求实的习惯；⑦日常工作讲程序、维修讲标准、行动讲纪律的习惯；⑧班后做总结的习惯。

活动开展时间：20××年7月1日～20××年12月31日。

2.开展班组"对标"竞赛活动

根据班组的实际情况和责任目标，开展以"比安全、比质量、比能耗、比零故障、比执行力"等内容的班组劳动竞赛活动，评选明星班组，调动班组争先创优的热情，促进班组建设的健康发展。活动开展时间：20××年7月1日～20××年12月31日。

3."执行先锋"

（1）制度学习日：周一设备例会组织班组长学习，周三组织全体维修人员学习（加强制度理解学习）。

（2）问诊搭脉：班组每月写出一个影响执行力的问题，班组全员讨论解决问题办法，将问题解决方案在班组管理看板中体现。

（3）问题警示：将工作过程中出现的问题，通过案例形式在班会、看板表达出来。活动开展时间：20××年7月1日～20××年12月31日。

4.开展WET管理工程

W即Win——力争取胜。

E即Execute——快速执行。

T即Team——团队精神。

班组每天班后召开10分钟的总结会，对当天的工作进行点评，重点突出三点：一是今天谁在哪些方面做得好，快速执行好；二是今天在沟通方面哪一点、哪一项工作没有很好地沟通；三是第二天的工作应注意什么。通过实施"WET管理"工程，消除管理的盲区，减少工作的失误，有效控制各类事故的发生，确保了班组管理水平的持续提升。

（二）集中建设

各班组在公司的指导下，具体开展班组文化建设。各班组根据公司的文化理念，结合班组的具体情况，采取适合本班组的形式，进行班组文化建设。

（三）监督检查

企业对各班组文化建设进展情况进行检查和分析，及时发现问题，并指导纠正。

（四）总结提升

企业对班组文化建设进行评比，推广先进；对班组文化建设存在的问题提出改进建议，促进改善。

五、班组文化建设的优化

（一）充分发挥班组长在创建班组文化中的作用

班组长是企业最前线的指挥官，处于"兵头将尾"位置，其素质的高低直接决定了班组文化建设工作的实施好坏。

1.要发挥好表率作用

其身正，不令而行；其身不正，虽令不从。班组长要首先自身素质过硬，具有全面和精湛的业务技能及过硬的政治素质。要热爱本职工作，尽职尽责，通过自身示范来影响成员的工作作风和工作激情。所以，要建设良好的班组文化，班长必须身先士卒、百折不挠，只有这样才能有效激励和团结员工，不断提高班组的执行力。

2.要公平公正管理

班组要建设良好的班组文化，执行永远是关键，而执行力的来源除了员工对本职工作的情感外，很重要的一点则取决于班组的管理文化，这就要求班长的各项管理要做到公平、公正、公开。班组长在实施管理中应采用科学的管理原则与评价标准，合理地对待班组中每一个成员，公正地评价每一位员工，尤其是在奖金的分配、业绩评价、学习机会以及评先选优等涉及员工切身利益问题的处理，公正、合理与否对团队凝聚力的构建有直接的影响。另外要班务公开，通过建立沟通交流平台，掌握班员个人思想动态，不断加强与员工的沟通，只有通过沟通，才能使班组成员的情感得到交流，才能协调班组成员的行为，才能促进团队精神、共同意识和凝聚力的形成。还要创造积极向上的氛围，这样才能使员工积极向上，团结一致，让所有成员都能在集体生活中享受到工作的快乐。

（二）不断强化员工的责任意识

班长要不断提高自己的人格魅力，树立良好的形象，在员工中树立威望，成为员工的主心骨。在此基础上，根据实际情况和工作需要，成立以班组长为首、副班组长、党小组长、工会小组长、团小组长为成员的管理集体；设立安全监督、技术培训、质量管理、经济核算、政治宣传、生活福利等兼职管理员，对班组进行集体管理，明确人员责任，加强责任落实，调动每一名员工参与企业文化建设的热情，进而形成的强大的合力。

（三）培训员工认同企业文化

从广义来说，企业文化是企业所创造的具有自身特点的物质文化和精神文化。狭义的企业文化则是指企业所形成的具有企业自身个性的经营宗旨、价值观念、企业精神和道德行为准则等的综合。优秀的企业无一不对企业文化有着执着的追求。企业有责任对员工进行培训，使员工尽快地融入企业的文化中，为企业创造有利的价值。

（四）塑造班组精神

班组精神是一个班组精神风貌的展现，是班组优良传统、价值观念、道德规范、工作作风和生活态度的总和，是班组内部凝聚力和班组发展进步的驱动力，是班组文化的核心。班组成员长期工作和生活在同一个环境中，相互联系比较紧密，思想感情易于产生共鸣，很容易形成共同的价值观。其思维方式和工作作风都集中体现在班组精神上。这种班组精神就成为班组的一面旗帜，能够增强班组成员的主人翁意识，发挥每个成员的积极性、创造性和主动性，形成"班组命运共同体"。对班组外部来讲，这种班组精神，能够充分展示班组的良好形象，创造良好的班组信誉，赢得上级部门和其他班组的信赖和赞誉，能有效地促进班组的工作开展。

第四章

班组士气营造

导 读

　　士气是班组战斗力的灵魂。要提升班组士气，企业就要在班组建设时采取积极有效的措施。首先要了解班组成员的行为动机；其次在班组中营造安全、轻松、和谐的人际关系；另外，要有效地实施激励措施，使员工的心境良好，对工作充满信心，对团体充满希望，因而整个班组的士气就会高涨。

学习目标

　　1.学会了解班组成员的行为动机，从动机出发有目的地、有效地激励每个成员，从而提升整体士气。

　　2.了解人际氛围对班组工作状况的影响，掌握创造良好的人际氛围的方式和技巧，从而将班组打造成和谐、积极向上、进取的高效团队。

　　3.了解激励的目的，掌握激励的方法、技巧，并且能灵活运用于工作中，使整个班组员工被有效地激励，使整体工作绩效有效提升。

学习指引

序号	学习内容	时间安排	期望目标	未达目标的改善
1	了解班组成员的行为动机			
2	营造和谐的人际关系			
3	有效实施激励			

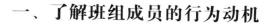

一、了解班组成员的行为动机

人的行为，以理性为基础，还受感性的支配。因此，人与人之间无论工作方法，还是观念及反应的方式，都会因人而异。

作为一个成功的班组管理者，其秘诀在于深入了解每个成员的性格特点，设法使之调适、成长、发展，这才算尽到责任。因此，清楚了解班组成员的行为动机，是成功提升整体士气的第一步！

（一）了解班组成员的需求

需求不仅能使人产生行为，而且能使行为长期维持，但是，不是每一个人的需求都一样。作为基层员工的需求常表现在以下几个方面，如表4-1所示。

表4-1　基层员工的需求表现

序号	表现方面	需求说明
1	保健的需求	想吃、想穿、想休息、不想生病、想躲避危险、想有理想的住所和工作环境
2	把握机会的需求	想晋升、想重新尝试、想有运动的机会、想有趣味性的娱乐机会
3	达成目的的需求	想达到目标，想要完成某件事情
4	追求变化的需求	厌烦单调、想改变情绪、想改换工作、想尝试新奇事物
5	保持轻松心情的需求	希望工作场所中有温馨的情趣、希望有自己的时间、想有休闲活动、想跟朋友畅谈
6	追求安定的需求	希望职务与收入均能安定、希望有退休制、希望能遇到可信赖的领导、希望企业能健全稳定
7	参与的需求	想知道别人对自己的期望、想听取别人的意见、想参加会议、想成为该团体的成员、想尽量了解信息
8	追求肯定的需求	希望受到别人肯定、赞赏，希望分配到特殊任务或工作
9	追求公平的需求	希望公平的工作分配、希望任何事情都有合理的决定、希望自己的意见能被公平的接纳、不希望收入有不合理的差别待遇
10	追求尊严的需求	希望人格受到尊重、希望自己的观念受到尊重、希望别人对自己用正式称呼、希望与人平等交往、希望自己的私生活不被干涉
11	自我成长的需求	想实现理想、想实现前程计划、想有工作意义及生活价值、想要更快地成长

（二）需求不满引起的行为

当员工需求不能满足时，常会有一系列行为出现，如表4-2所示。

表4-2　需求不满引起的行为

序号	行为特点	行为表现说明
1	找借口辩解	把责任推给别人，认为自己的失败是别人的错误；对于自己的过失总是心不甘，情不愿
2	逃避	（1）自闭——请假、不说话、不与人交往 （2）逃向疾病——头痛、胃痛或其他症状出现 （3）逃向幻想——幻想脱离现实的事情 （4）逃避现实——做事情毫无计划且冲动、故意吵闹不停
3	攻击	（1）消极性攻击行为——总是装作不高兴的样子，很少回答别人的问话。偷懒，只做领导交代的事，经常离开工作岗位或提前下班 （2）积极性攻击行为——喜欢找别人的缺点或说坏话，指责别人，贬低别人，乱发脾气，对产品的处理动作粗暴
4	替代行为	任意变更当初的目标，代之以容易实现的目标
5	升华	把精神贯注于嗜好、艺术、运动或自己感兴趣且有意义的事情
6	同化	把别人的成就当做是自己的成就
7	形式化	表面工作做好，就认为工作已完成
8	放弃	放弃需求，失去自信心，对别人的赞赏和责备，毫无感觉
9	退化	虽然是成人，但装出一副小孩子耍赖的样子。过去能做的事，现在已办不到。遇到了问题，就失去冷静而不知所措
10	固执	明知道行不通，仍然要重复同一错误

二、营造和谐的人际关系

（一）人际氛围对班组工作状况的影响

1. 人际氛围对工作状况的影响

人际氛围对班组工作状况的重要性以下面一则案例进行说明。

某公司的一家分厂，由于管理不善濒临倒闭。后来总公司派来一位很能干的管理者。在他到任第三天的巡视中发现了公司问题的症结：偌大的厂房里，一道道流水线如同一道道屏障阻隔了员工之间的直接交流，轰鸣的机械声、刺耳的噪声更使员工进行工作的信息交流难以实现。再加上工厂濒临倒闭，过去的领导一个劲儿地要实现生产指标，而将大家一起聚餐、厂外共同娱乐的时间压缩到了最低限度。所有这些使员工们彼此谈心、交往的机会微乎其微，冷漠的人际关系也使员工们热情大减，甚至相遇连招呼都不打。

这位新任管理者敏锐地觉察到这一问题之后，果断地决定，以后员工的午餐费由厂里负担，希望所有的员工都能欢聚一堂。在员工看来，工厂可能到了最后关头，需要大干一场了，所以心甘情愿地努力工作。其实这位经理的真正意图在于给员工们一个互相沟通了解、建立信任的空间，使组织的人际关系有所改善。

更值得赞叹的是，每逢中午大家就餐时，他还亲自在食堂的一角为员工们烤肉，这令所有的员工都备受鼓舞。于是餐桌上员工们纷纷为提高企业效益献计献策，寻找最佳解决途径。

五个月过去了，这位管理者的苦心没有白费，尽管机器依旧轰鸣，它却已经不能再阻碍员工内心深处的交流了。企业业绩开始回转，并奇迹般地开始赢利了。

这应该是企业效益和人际关系的最佳案例之一。这位管理者在企业濒临倒闭的情况下，冒着成本增加的危险，缓解了企业不良的人际关系，使所有成员又回到一个和谐的氛围中。

每个人都有过这样的经历：当自己受到别人攻击、讥讽或诬陷后，无论面对的是多么重要、多么复杂的工作，都会提不起精神来，工作的思绪常常因为不满的情绪所打断。所以，没有一个平和的心境，员工不可能全力以赴地工作。

同样地，人际关系与班组效益之间的关系是十分密切的，有没有正常的人际关系是班组成员能否最大限度地发挥个人能力的关键。

2.不健康氛围的表现

作为班组长，必须塑造健康的工作氛围。以下介绍不健康工作氛围的表现，请班组长与自己工作场所的现状进行对照，作为发现问题的线索。

① 员工经常为一些鸡毛蒜皮的小事争吵。

② 员工没有相互合作的态度。

③ 员工在会议上不提出意见，即使提也多是消极悲观的意见。

④ 员工即使听到班组长的指示，也不按指示执行。

⑤ 员工之间流言散播迅速，背后说人闲话的多。

⑥ 员工失败一次，就一再被作为例子提出。

⑦ 员工仅做被指示的事，不愿做被指示以外的事。

⑧ 员工不能说出想说的话。

⑨ 员工报告不够，很少找班组长提供意见。

3. 良好人际氛围的特征

良好人际氛围是自由、真诚和平等的工作氛围，就是在员工对自身工作满意的基础上，与同事、班组长之间关系相处融洽，互相认可、有集体认同感、充分发挥团队合作精神、共同达成工作目标、在工作中共同实现人生价值的氛围。在这种氛围里，每个员工在得到他人认同的同时，都能积极地贡献自己的力量，在工作中能够随时灵活方便地调整工作方式，使之具有更高的效率。

（二）营造良好的氛围是班组长职责所在

建立和谐班组人际氛围是班组长员工管理实施的重要部分。一个令人愉快的人际氛围是高效率工作的重要因素，快乐和谐的气氛对提高员工工作积极性起着不可忽视的作用。如果员工每天都处在一个毫无生机、气氛压抑的工作环境之中，那么是不可能积极地投入到工作中去的。班组长如果能够掌握创造良好人际工作氛围的技巧，并运用于工作中，将更容易识别那些没有效率和降低效率的行为，并能够有效地进行班组变革，从而高效、轻松地获得有创造性的工作成果。

由于员工的工作态度会左右生产，因此作为班组长，有责任为员工营造良好的工作氛围，使班组成员愉快、高效地工作，以实现生产目标。为此，班组长必须做到以下几点。

① 班组长要了解健康的工作环境与不健康的工作环境，认识自己实际负责的工作环境属于何种情况。

② 班组长要理解员工的态度或行动以及如何改变。

③ 班组长要自主带动改变工作场所的状况。

（三）创造良好人际氛围的方式

人际氛围是在员工之间的不断交流和互动中逐渐形成的，没有人与人之间的互动，氛围也就无从谈起。制度在这方面所能起到的作用有限，最多起到最基本的保障作用。人是环境中最重要的因素，好的工作氛围是由人创造的。所以，班组长必须加以重视。

1. 明确工作职位之间的分工

班组岗位之间的合作是否顺利是工作氛围好坏与否的一个重要标志，而明确的分工才能有良好的合作。各岗位职责明确，并不意味着互不相关，企业中所有生产工作和每个企业成员都息息相关，职务分工仅仅说明工作程序由谁具体执行，如此才不会发生互相推诿等影响工作氛围的情况。

班长王×今天心情很不好，因为他刚被生产经理叫去责备了一顿，要求全组成员进行整改。原因是他们班上个月二十五号出的产品由于没有贴标签，客户不知道产品的储存条件，将产品直接放在车间加工，而车间温度太高，所有的胶都变成了固体。现在客户要求将二十吨产品全部退回。

回到班里后，王×立即召集当天当班的人员开会。"今天找你们来是想问一下，上个月二十五号晚上是谁贴的产品标签？"

"不记得了。我那天好像是有点不舒服就没有去进行罐装，一直在控制室里看着，怎么会是我呢？"李×看着班长阴沉的脸说。

张×说："我那天是参加罐装了，但从来没有听说我还要贴标签。再说出货的时候还有孙×看着呢，不知道他有没有留意到。"

孙×说："我也不知道啊，我只看看里面有没有 MSDS 和 COA 单，没有谁让我检查标签到底有没有贴啊！"

大家你一言我一语，讨论了一个多小时也没有结果。其实，产生这样的问题究其原则就在于岗位不清，责任不明。

2.在班组落实企业文化

从企业文化着手，班组长应致力于提高员工工作激情，营造一个相互帮助、相互理解、相互激励、相互关心的工作氛围，从而稳定班组成员的工作情绪，激发工作热情，形成共同的工作价值观，进而产生合力，达成组织目标。

3.做好班组内部沟通

真诚、平等的内部沟通是创造和谐工作氛围的基础。班组内部应坚决杜绝官僚作风的存在，职务只代表分工不同，只是对工作的权责划分，应该鼓励不同资历、级别的员工之间互相信任、互相帮助和互相尊重。每一个员工都有充分表达创意和建议的权利，能够对任何人提出他的想法，主动地进行沟通，同时，被沟通方也应该积极主动地配合、回答或解释。沟通的原则应就事论事，不要牵扯其他方面。

4.重视班组团队建设，营造宽松的工作氛围

班组内应该有良好的学习风气，班组长要鼓励和带领团队成员加强学习先进的技术和经验，在进行工作总结的时候应该同时进行广泛而有针对性的沟通和交流，共同分享经验，不断总结教训。

（四）建立良好人际氛围的技巧

1.主动和班组成员打招呼

由于快步疾走，刘×没和他的班组长李×适时地打招呼，只得与班长一前一后，走进公司大门。

刘 × 对于自己当时不能坦然地说"早上好"感到非常难为情，一上午都打不起精神。虽然他对李 × 并没恶意，但由于个性的原因，主动与领导打招呼是一件非常困难的事。

其实，当刘 × 清早走过班组长身旁的一刹那，心中曾期待着李 × 会从身后跟他打个招呼，如此他将转身向后恭敬地答礼，但他的期望落空了，又一次地与班组长擦肩而过。

其实，作为班组长，应主动和班组成员打招呼。这样，可以借此很自然地和他们谈及"工作进度怎样了""情况与往常差不多"等话题，增进彼此感情。交谈时并不需谈得很深入，沟通彼此的感情即可。一般而言员工都比较害羞，甚至有些年轻人还认为问候领导有刻意奉承的嫌疑。所以，作为班组长，当目光与员工接触时，应主动地露出笑容并点头示意或开口招呼对方，这样才能创造良好的沟通环境。

打招呼是意见沟通的初步，不善于此道的人，必定是拙于自我表达的。

2.赞美与批评都有必要

由于班组成员性格不同，素质有高有低，因此，在管理时也要讲求艺术，仅追求一团和气是不够的，赞美和批评都是必要的。

（1）赞美的艺术

赞美他人，是日常沟通中常常碰到的情况，要建立良好的人际关系，恰当的赞美是必不可少的。心理学家马斯洛认为，荣誉和成就感是人的高层次需求。每个人在取得成绩时都渴望得到他人的赞美，尤其是来自领导的肯定，如果能在恰当的时候给予对方真心实意的赞扬，双方交流起来将会更加愉快，合作起来也会更加默契。因此，作为班组长，不要吝惜自己的赞扬，应努力发现班组成员的优点，给予赞美，让赞美成为一种习惯。当然，赞美也要讲求一定的技巧。赞美艺术如图4-1所示。

态度要真诚	赞美首先要建立在真诚的前提下。班组长在赞美班组成员时，必须确认所赞美的对象的确有此优点，并且要有充分的理由去赞美，否则会让人有种虚伪之感

内容要具体 ▶ 班组长在赞美班组成员时，内容尽量做到具体，除了使用广泛用语外，如"你很棒""你表现得很好"等，最好加上具体事实的评价，如"你的这个改进方法，是一个能针对目前问题的好方法，能节约一大笔不必要的开支"

场合要适宜 ▶ 在众人面前赞扬某位员工，对被赞扬的人而言，当然受到的鼓励是最大的，这是一个很好的方式，但在采用这种方式时也要特别慎重，因为被赞扬的方面如果得不到多数人客观的认同，其他人则难免有不满情绪。因此公开赞扬的最好是能被大家认同的事

图4-1 赞美艺术

（2）批评的艺术

俗话说：金无足赤，人无完人。作为班组长，在工作中往往会发现班组成员的缺点和错误，当发现这些缺点和错误时，及时地加以指正和批评，是很有必要的。有人说赞美如旭光，批评如雨露，两者缺一不可，这是很有哲理的。当然，批评是要讲究技巧的（图4-2）。

技巧一 〉 **批评与肯定相结合**

对班组成员工作上出现的重大失误进行批评时，如果只一味地指责错误而不提长处，对方会感到心理上的不平衡，感到委屈。比如一名员工平均工作颇有成效，偶尔出了一次质量事故，如果批评时只指责他导致的事故，而不肯定他以前的成绩，就会让他产生以前"白干了"的感觉，从而产生抗拒心理。所以，班组长在批评班组成员时，应提前帮他打消这个顾虑，那么他就会主动放弃心理上的抵抗，对批评也就更容易接受

技巧二 〉 **尊重客观事实，讲求语气语调**

批评他人通常是比较严肃的事情，所以在批评时一定要客观具体，应该就事论事。要记住，批评他人，并不是批评对方本人，而是批评他错误的行为，千万不要把对员工错误行为的批评放大到了个人品性层面。此外，在批评时要注意语气语调，不要趾高气扬、大声呵斥，要和颜悦色，动之以情，晓之以理

图4-2

技巧三 > **指责时不要伤害下属的自尊与自信**

> 不同的员工由于经历、知识、性格等自身素质的不同，接受批评的能力和方式也会有很大的区别。在沟通中，班组长应该根据不同的员工采取不同的批评技巧。但是这些技巧有一个核心，就是不伤对方的自尊。指责是为了让员工更好，若伤害了对方的自尊和自信，则适得其反

技巧四 > **选择适当的场所，友好地结束批评**

> 批评时不要当着其他同事的面，最好选在单独的场合。如独立的办公室、安静的会议室、午餐后的休息室等都是不错的选择

图4-2　批评的技巧

此外，批评也要有始有终。受到批评后对方或多或少会感到一定的压力。如果一次批评不欢而散，会使对方产生精神负担和消极情绪，甚至对抗情绪，这会为以后的沟通和工作带来障碍。所以，每次的批评都应尽量在友好的气氛中结束，对对方表示鼓励，提出充满感情的希望，比如说"我想你会做得更好"或者"我相信你"，并报以微笑，让对方把这次谈话当成是你对他的鼓励而不是一次打击，这样才能彻底解决问题。

3.不要采用威胁的方式

一些班组长为了干好工作，常常忽略方式方法，用一种威胁的语气和言语安排工作或谈话。比如，在安排一件难度较大的工作时常会说："如果不能按时完成，你就给我走人。""你应当明白你的处境，如果不按我的要求把事做好，就得走人！"这些言语是基层管理中的大忌，不但不能促进工作按时完成，还可能起到相反的作用，带来班组的不和谐，阻碍工作的开展，使工作处于被动状态。

（1）威胁会伤害感情

威胁不仅让当事人产生惶恐，旁观者听了也会心生不安：一方面他会同情当事人；另一方面也会担心这样的事有一天发生在自己身上。这样不仅不能促进工作，还会极大地伤害对方的工作积极性和工作灵感，彼此之间产生隔阂。

（2）威胁会传递错误信息

班组长在说出带有威胁性的言语时，可能并没有多想，并不是真的想那样做。然而，说者无心，听者有意，这样会给对方传递出一些错误的信息，认为领导对自己有偏见，故意找茬让自己离开，从而产生逆反心理，做出错误的决定，导致工作前功尽弃，得不偿失。

（3）威胁会丧失威信

基层管理人员说出的威胁事项有时并不是基层管理权限所能决定的事。一个在单

位工作较长时间的人是清楚这一点的，这样他就会对你所说的话不信任，慢慢地你的威信就会在不知不觉中一点点消失，直到所有人都不再相信你的话，不再按照你的要求去工作。

另外，在现代社会强大的竞争压力下，每个人都会认真考虑自己的处境。也就是说，班组长根本没必要用语言威胁员工，胁迫员工，只要营造一种气氛，一种充满压力而又愉快的工作气氛，让下属在这种气氛下按你的思路去工作，从而达到良好的管理效果即可。

4.不刻意掩饰自身缺点

任何人都不可能完美，都存在这样或那样的缺点。作为班组长没有必要把自己塑造成一个完美无缺的人，处处掩饰自己的缺点，而应在员工的面前呈现出原本的自我。有了问题及时调整和改正，不要觉得没有面子，不好意思，因为在生产面前，人人都是平等的，出现问题善于调整反而会给员工留下好的印象，无形中产生一种亲切感。

此外，班组长要与员工打成一片，与他们一起行动，共同发现问题，共同商讨工作，在交流中互补有无，互相促进。

5.对待员工不要过于苛刻

对员工要求过分会产生以下问题。

（1）限制了班组自主管理能力

班组长不可能决定班组所有的事情，也不可能做所有的工作。班组的每个成员都应该是企业发展的承载者，都应在各自的岗位发挥自己独特的优势和才华。作为班组长，应善于发现每个人的特长，积极地调动他们，充分发挥其主观能动性和工作积极性，提高自主管理能力，而不是设定苛刻僵化的条例或标准限制他们，因为长此以往会使班组成员产生依赖感和被动工作的习惯。

（2）让员工感觉不被信任

作为班组长，如果要求员工将每天做的每件事都向自己报告，做任何事都要经过事先批准，一旦违反了规矩就会受批评，会让员工产生一种不被信任的感觉。换位思考，你对别人的不信任，别人也会用不信任的方式来对待你。你掐着秒表，看员工出勤情况，他们也会开始和你作对，对工作能推就推。

6.认清场合，适时说话

（1）班组长应如何讲话

"说话"是企业班组管理中常用的方法。明白、通俗的表述，富有感召力、指导性的"说话"，可以减少管理成本。班组长在工作中应讲求说话的方式方法。

交代的事完成时应称赞："你干得很好，辛苦！辛苦！谢谢！"

拜托或指示时应说客套话，表示尊敬对方："在你正忙的时候打扰你，真不好意思，但请帮个忙。"

当自己失败时应反省并主动说："这是我的错，对不起！"（但如经常犯错就不配做管理者）。

肯定班组成员的想法时可以说："我觉得非常有道理，正是如此。"否定想法时应该说："你从这个角度想有自己的道理，但从整个生产进度来考虑，是不是这样做会更好……"

当有人批评自己班组的成员时，可以用体谅的语气说："话虽是这么说，但他也有好的地方，人嘛，偶尔也会犯错的。"

（2）班组长不应有的语气

使对方丧失干劲的话："你在干些什么？要说多少次才懂啊，你太笨啦！你要再干多少年才会做啊！"

回避责任，将失败转嫁于他人："就他把事情搞得一团糟，他完全不可靠。"

不负责任，当交办工作或把已交代的事忘记时："我曾经说过那种话吗？"

7.避免厚此薄彼

（1）厚此薄彼会使员工遭受打击

平等是维持每个员工心理平衡的关键，如果班组长让班组成员有不平等的感觉，就很难让他们积极努力地工作。

员工都希望通过自己工作中的表现来决定自己成功与否，而不是其他因素。而当其他因素左右判断时，员工就会对班组长失去信任，这种信任的缺乏将会表现在频繁的人员流失、忠诚度的下降以及消极情绪的上升。

如果员工的报酬以及是否成功完全是由个人好恶决定的，那他们就会失去工作的动力，当这种偏好变得根深蒂固时，员工自身遭受打击，对企业也会失去信心。因此，作为班组长，一定要给员工一个公平合理的形象，让他们觉得人人都是平等的，机会也是均等的，这样才会奋发，才会努力。

（2）及早发现问题，防微杜渐

班组长应该经常反思自己，当忍不住想要厚此薄彼时，停下来问问自己，是因为他正确所以我站在他那一边，还是因为我想让他正确呢？如果是后者的话，请重新考虑一下再决定。正确处理此类问题的方法是时刻保持清醒的头脑。

对于表现出色的员工当然要表扬，但是该表扬时表扬，该评功时评功，平时还是应该与其他员工一样对待。要树立一种用工作说话的风气，如果其他人也能在工作上取得这些成绩，同样也能赢得所应该得到的东西。这里强调的是工作，突出的是公平。

班组长要对企业负责，不能以私害公，必须时刻警惕。在做一件事前，不妨扪心自问："这件事中，有没有我的私情在内？"或者说："这么干，别人是否会觉得我有

私情在内？"在得到满意的答案之后，再大胆地工作。

8.激励员工发展

员工需要发展，作为班组长，应该尽力为员工搭建成长的平台，而不是去压制。如果员工长期处于压制状态，那他们的工作表现也会因为缺乏机会和激励而有所退化。激励员工发展，班组长可以采取以下措施。

（1）培养多能人才，营造互助平台

拓展员工业务技能的一个最简单的方法是开展交叉培训或进行多能工训练。这不仅对员工个人有利，对班组长也有好处。如当某个员工有紧急事件或任务不在岗位时，如果不从别的团队调配人来支持，则不利于工作的开展。而让经培训后的多能工来互相搭档，在其中一个人缺席时或紧急情况下互相帮助，则不会对工作产生影响，还能有一个训练的机会。这种老搭档可以是承担类似责任的员工，也可以是做不同工作但是希望在别的工种里一试身手的员工。这样既向员工提供开阔眼界的机会，与此同时，也增强了整个团队自身的工作能力。

（2）了解员工需求，认真倾听意见

在工作中常会听到："我正在寻找具有挑战性的工作。""这些烦琐工作太无聊了，也许我该换换了。"作为班组长听到这些应该做出怎样的反应呢？也许他们是真想换工作了，也许他们只是说说而已。在这种情况下班组长应该抓住这个机会主动与员工交流，了解他们的需求，了解他们掌握了哪些技术？如果再学一些新技术，会不会使班组的工作做得更出色？当员工寻找新奇刺激的事来做时，你心里要有底，掂量这些想法。然后，鼓励员工通过各种途径来提高他们的技能。

（3）养成鼓励员工的好习惯

"做得很好，你已经学会如何处理这些事情了，而且学得还不错。""多亏你发现了我们作业中的错误，谢谢！"每个人都希望自己的工作能力得到肯定和表扬，作为班组长让员工知道他们的努力和付出是有价值、有回报的，并要向他们表示感谢。

前面所讨论的都是班组长改进人际关系，营造和谐班组氛围的一些具体方法。作为班组长，可以对照表4-3中所提出的问题，看看自己的得分情况。这是考察班组长人际关系技能水平的一个有效方式。

表4-3　人际关系技能

序号	自评项目	你在多少的时候会是如此/%				小计
		0～20	21～40	41～60	61～100	
1	接受其他人（包括一些令人生厌的人）就像接受一些令你尊敬的人一样					

续表

序号	自评项目	你在多少的时候会是如此 /%				小计
		0 ～ 20	21 ～ 40	41 ～ 60	61 ～ 100	
2	有一种深层的、积极的自我珍视感					
3	进行抉择时，不会不由自主地行事					
4	把自己看作是有能力去做任何事情或者是处理任何问题的人					
5	用一种直接的方式去问他或她想怎么样					
6	做值得去做的事情，并预先为自己确定目标					
7	对于接受他人的赞扬和承认，不会感到窘迫不安或者是拒不接受					
8	以欣赏的态度去和他人进行沟通					
9	以赞扬和承认的态度去和他人进行沟通					
10	不会甚至是拒绝对他人进行反面的批评					
11	接受甚至是鼓励别人对于自己的反面批评					
12	认为个人的成功只在于自己，而不在于运气					
13	认为个人的失败同样在于自己，而不怨天尤人					
14	常谈到成功所能带来的收益，而不是失败所带来的麻烦					
15	相信"我很擅长于我现在干的这份工作，将来我也会干得更好"					
16	在遭受失败之后，是重温（不断地）过去的胜利，而不是思量今日的损失					
17	相信他或她所做的每一件工作都会成功					

序号	自评项目	你在多少的时候会是如此 /%				小计
		0 ～ 20	21 ～ 40	41 ～ 60	61 ～ 100	
18	在和其他人处于同一境况时，一起去体验彼此的感觉					
19	生活在现实中——面向现实的问题，而不只是对过去和未来进行幻想					
20	把每一个人际关系的摩擦现象都看作是一个问题，并努力寻求"人人得利"的解决办法					
	总计得分					

注：把自己想象成自己的一个关系很密切的朋友，对自己的行为进行考察。这时你会怎样描述自己的行为呢？

为了确定你总体的技能水平，我们可以赋予0～20这一列中的任何一项的值为1，2为21～40这一列的值，3为41～60这一列的值，4为61～100这一列的值。然后把每一列的值予以加总，再把各列的总值相加，就得出你在各个项目上的总得分。这个得分可以做如下解释：

61～80分表示人际关系技能水平较高；

41～60分表示人际关系技能水平一般；

21～40分表示人际关系技能水平较低；

1～20分表示人际关系技能水平差，即不称职。

三、有效实施激励

（一）什么是激励

激励是指激发人的行为的心理过程。激励这个概念用于管理，是指激发员工的工作动机，也就是说用各种有效的方法去调动员工的积极性和创造性，使员工努力完成任务，实现目标。

（二）为什么要激励

有效的激励会点燃员工的激情，促使他们的工作动机更加强烈，让他们产生超越自我和他人的欲望，并将潜在的巨大内驱力释放出来，为企业的远景目标奉献自己的热情。

1.人为什么要工作

人为什么要工作？不同的人有不同的理由，同一个人在不同的环境下也会有不同的理由，如：

① 为了赚钱或为了养家糊口；

② 为了希望或光明前途；

③ 因为心里有份责任感、使命感；

④ 习惯性地上下班，别人如此，我也如此；

⑤ 觉得工作好玩、充满乐趣；

⑥ 为了怕被骂、怕被看不起或者怕被说成是游手好闲的人。

总之，不管出于何种原因，人们工作都是要满足自己的某种需要。有了这种需要，才会产生相应的行为，如图4-3所示。

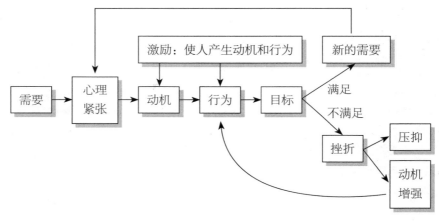

图4-3　人的行为过程

三个年轻人到少林寺，要求主持收他们为徒，学习武功。

主持问："你们为什么要学武功？"

甲道："师父，我身体太弱，学武主要是健身。"

乙答："师父，我家里很富有，每天生活无忧，学武可以打发时间。"

丙答："师父，我们村子遇到匪徒的洗劫，我的父母和许多乡亲都被匪徒杀了，我习武就是要报仇，不让这些匪徒逍遥法外，祸害别人。"

三个人都被留下了，几年后，乙一事无成，甲初通拳脚，丙则学成一身好武艺。

通常做一件事都是为了满足某种需要，需要不同，需要的程度不同，产生的动机和行为及其强度也就不同。激励就是要使员工产生强烈的动机和行为，但要做到这一点，首先就要明确员工最强烈的需要是什么。

2.有效的激励会产生绩效

自古以来，优秀的管理者，都明白激励的重要性，都懂得如何去激励他人。《太阁记》是日本历史名将丰臣秀吉的传记，其中有一段非常有趣的插曲是"短矛和长矛比赛的故事"。

有一天，秀吉与他的主公信长的专教矛术的武师一起讨论战事。武师主张在战时用短矛较有利，秀吉却力主在战场上用长矛较有利，两者争执不下，互不相让。于是信长各派一小队士兵给武师和秀吉两人，交代他们各训练三天后举行一场比赛，用于证明短矛和长矛哪个有利。

武师从第一天起就对手下的士兵施以严厉的训练，开口闭口就是：

"这个地方不对，那个地方不标准。"

"那种刺法违犯了矛术原则。"

"用力刺，再用力刺！"

最后甚至说："你们这些家伙，就是缺乏武术的涵养，真是不成才的无能的东西……"武师几乎每天都要数落士兵们的缺点，而且天天都要进行严格的训练，使士兵们的身心感到疲惫不堪。

"管他什么鬼比赛，输赢对我们来说有什么关系，比赛时只要随便比划两下，应付应付就行了。我们安分地做我们的小兵吧！每天如此地训练，谁吃得消？"

武师手下参赛的士兵们已全然丧失了斗志。

秀吉这一方如何呢？第一天，他首先邀请部下的士兵们通力合作，说："长话短说，大家先开怀畅饮，预祝我们旗开得胜。"

于是大开筵席，夸奖士兵们臂力强大、体格魁梧等，对他们大大地鼓励了一番。

第二天也是大略训练了一下，就解散了，在解散之前依然是美美地犒劳了一番，一边喝酒，一边告诉他们说："在战场上，矛不只是用来刺人的，你们可以任意挥舞，打敌人的脚，刺敌人的胸膛，打得敌人翻滚在地，只要达到目的，任何方法都可以用，因为这是你死我活的战场。"

三天之中，士兵们天天吃的是山珍海味，体力充足，精神百倍，加上秀吉的鼓舞和激励，每个人都在心中暗暗地发誓，非替秀吉打胜仗不可。

比赛的结果，不用说，秀吉这一队大获全胜。

美国哈佛大学教授詹姆斯在对员工激励的研究中发现：按时计酬的分配制度仅能让员工发挥20%～30%的能力，而在受到充分激励时，员工的能力可发挥至80%～90%。由此可见，激励对工作绩效的影响非常有效。

在现实工作中，班组长应充分利用有限的资源对班组成员进行适当激励，有效提升班组士气，这同时也能体现出班组长的管理能力。

（三）目标激励法

目标是组织对个体的一种心理引力。设置适当的目标，激发人的动机，引导人的行为，达到调动人的积极性的目的，称为目标激励。

目标激励包括设置、实施和检查目标三个阶段。在制定目标时须注意，要根据班组的实际业务情况制定可行的目标。一个振奋人心、切实可行的目标，可以起到鼓舞士气、激励班组成员的作用。班组长可以对班组或个人制定并下达切合年度、半年、季度、月、日的业务目标任务，定期检查，并给予相应奖励，使每个员工朝着各自的目标去努力、拼搏。

（四）数据激励法

数据激励法是运用数据显示成绩和贡献，可以更有可比性和说服力地激励员工的进取心。对能够定量显示的各种指标，要尽可能地进行定量考核，并定期公布考核结果，这样可以使班组成员明确差距，有紧迫感，迎头赶上。

班组长可以在每日、每周、每月、每季、每半年的考核后或者业务竞赛活动后，公布团队或个人业绩进展情况，并让业绩优异者畅谈体会，分享心得，鼓舞全体班组成员的士气。

（五）领导行为激励法

领导行为激励法是用领导者在某些方面的有意行为激发下级的一种方法。

一个成功的班组长之所以成功，关键在于其99%的行为魅力以及1%的权利行使。班组成员能心悦诚服地为他努力工作，不是因为他手中有权，权是不能说服人的，即使服从，也只是口服心不服。更多的原因是班组长有着好的领导行为。好的领导行为能给班组成员带来信心和力量，激励班组成员，使其心甘情愿地、义无反顾地向着目标前进。

美国管理者麦科马克在其书《营销诀窍》中讲了这样一件事，他的一位朋友狄罗伦在任通用汽车公司雪佛兰车工厂的总经理不久，有一次去达拉斯出席一项业务会议。当他抵达旅馆之后，便发现公司的人已经送了一篮水果到他房间，他看后幽默地说："咦！怎么没有香蕉呢？"从此以后，整个通用汽车公司都流传着"狄罗伦喜欢香蕉"的说法，尽管他向人解释那只不过是随便说的，但他的汽车里、包机里、旅馆里，甚至会议桌上，总是摆着香蕉！可见，企业领导者的行为会产生多么大的作用！

作为班组长需要加强品德修养，严于律己，做一个表里如一的人；要学会推销并推动你的目标；要掌握沟通、赞美及为人处事的方法和技巧。

（六）奖励激励法

奖励激励法是对员工的某种行为给予肯定和奖赏，使这种行为得以巩固和发展。奖励分为物质奖励和精神奖励两种。

人在无奖励状态下，只能发挥自身能力的10%～30%。

在物质奖励状态下，能发挥自身能力50%～80%。

在适当精神奖励的状态下，能发挥80%～100%，甚至超过100%。

当物质奖励到一定程度的时候，就会出现边际作用递减的现象，而来自精神的激励作用则更持久、强大。所以在制定奖励办法时，要本着物质和精神奖励相结合的原则。同时，奖励的方式要不断创新，通过鼓励先进，鞭策落后，调动全体班组成员的积极性。

物质奖励可能受限于企业的规定，班组长无能为力，但是可以充分地运用精神奖励，来鼓励班组成员。

（七）典型激励法

典型激励法指树立团队中的典型人物和事例，经常表彰各方面的好人好事，营造典型示范效应，使全体班组成员向榜样看齐，鼓励班组成员学先进、帮后进、积极进取、团结向上。

作为班组长要及时发现、总结典型，并运用典型（要用好、用足、用活）。比如，设龙虎榜；成立精英俱乐部；用优秀员工的姓名，作为一项长期的奖励计划名；还可以给成绩优秀者放员工特别假期等。

（八）关怀激励法

关怀激励法是对班组成员进行关怀、爱护，激发班组成员积极性、创造性的激励方法。

1.了解班组成员情况

了解是关怀的前提，作为班组长对班组成员要做到"九个了解"，即了解班组成员的姓名、生日、籍贯、出身、家庭、经历、特长、个性、表现；"九个有数"，即对班组成员的工作状况、住房条件、身体情况、学习情况、思想品德、经济状况、家庭成员、兴趣爱好、社会交往做到心里有数。

2.关注班组成员健康

由于工作繁忙，一些班组长常常会忽略班组成员的身体状况。在他们的内心，也许会有关怀之情，但在行动上表现较少。

真心和诚意，最能让人感动。作为班组长，若对班组成员多些体贴和关心，就会赢得班组成员的信服与尊崇。班组成员也会在你的领导下，团结一心，干劲十足，业绩必然会不断提高。

3.关心班组成员生活

一些班组长常常容易以自我为中心，而忽略对班组成员的照顾。其实，经常关心一下班组成员的工作情绪，问候一下他们的生活状态，让他们感受到集体的温暖，无论工作多么艰难复杂，他们都会有干劲的。

班组长照顾班组成员的方面包括以下内容。

① 指导班组成员的工作。不仅指导班组成员如何处理事务，还要帮助班组成员早日完成工作。

② 告诉班组成员有关企业的情况。

③ 给予班组成员施展才华的机会。

④ 经常与班组成员交流，发现班组成员的进步。

⑤ 经常问候班组成员。随时注意班组成员的健康，并悉心关照。

⑥ 对班组成员日常生活方面能适当给予帮助。

（九）集体荣誉激励法

集体荣誉激励法是指班组长在工作中，通过表扬、奖励集体，激发班组成员的集体意识，使每个集体成员都产生一种强烈荣誉感、责任感和归属感，形成一种自觉维护集体荣誉的向心力的方法。

班组长通过给予集体荣誉，培养集体意识，使班组成员为自己能在优秀的团队里而感到光荣和骄傲，从而形成一种自觉维护集体荣誉的力量。

作为班组长，在制定各种管理和奖励制度时，要有利于集体意识的形成，要善于发现、挖掘团队的优势，并经常向班组成员传递"我们是最棒的"意识，让班组成员为"荣誉而战"。比如，开展团队间的擂台赛、挑战赛等，既可培养集体荣誉，又可激励班组成员。

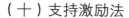

（十）支持激励法

支持激励法就是作为班组长，要善于支持班组成员的创造性建议，把班组成员的聪明才智挖掘出来，让大家都想事，都干事，都创新，都创造。支持激励的方式包括以下内容。

① 尊重班组成员的人格、尊严、创造精神，爱护班组成员的积极性和创造性。

② 信任班组成员，让班组成员大胆工作。

③ 当班组成员遇到困难时，主动为班组成员排忧解难，增加班组成员的安全感和信任感。

④ 当工作中出现差错时，应主动承担自己应该承担的责任。

班组长应经常肯定班组成员的能力和工作，当班组长夸赞班组成员的成绩与为人时，班组成员也会心存感激，干劲也会更足。支持激励既是用人的高招，也是激励班组成员的好办法。

（十一）适度竞赛激励法

班组长可以通过班组成员之间的彼此竞争，激发他们的好胜心理，满足他们获胜、拔尖、成为优秀者的愿望。

1912 年，美国钢铁大王卡耐基以 100 万美元的年薪聘请查理·斯瓦格为公司的第一任总裁。斯瓦格具有非凡的激励部属的才能。

斯瓦格上任后发现，他管辖的一家钢铁厂产量落后，斯瓦格问为什么，厂长说，工人软硬不吃，不愿干活。那时正值日班工人与夜班工人交接班时间。斯瓦格要了一支粉笔，问日班主管："你们今日炼了几吨钢？""6 吨"。斯瓦格用粉笔在墙上写了一个大大的"6"字后，默不作声地离去。

夜班工人接班后，发现墙上的数字，好奇地问是什么意思。日班工人说，总裁今天来过了，问我们今天炼了几吨钢，便把数字写在墙上。

次日早晨，斯瓦格来到工厂，看到墙上的数字变成了"7"。日班工人看到"7"，知道自己输给了夜班工人，心里很不是滋味，决心给他们点儿颜色看看，大家这样你来我往，结果炼了 10 吨钢。两班工人的不断竞赛，使这家工厂的产量不断提高，产量跃居所有钢铁厂之冠。

竞争越多，赋予员工的机会也越多，虽然负担会相应加重，困难和压力也会接踵而至，但这也是员工展示自我的机会，让自己的才华得到大家的肯定、满足之余，工作的乐趣也会变得越来越浓。

当然，这里的竞争，并非单纯意义上的为竞争而竞争，而是为了发展的和平竞争，否则，竞争的最终结果将违背班组长注入"竞争"的良好初衷，而变成激励少数人，打击一大片的效果。

1.竞赛激励的要点

① 宣传奖励计划和目的。

② 设立实际的、可行的、可计量的预定目标。

③ 竞赛要有一定的期限，期限不能设得太长。

④ 竞赛的规则不能太复杂。

⑤ 奖品要有诱惑性。

⑥ 奖品的价值和员工的表现要有直接的关联性。

⑦ 竞赛结束，要尽快表扬和给予奖励。

2.竞赛激励的注意事项

① 竞争必须建立在公平的基础之上。班组长如果想以"竞争"有效地推进班组发展，一定要摆正角度，凭着公平的态度，有效激励员工个人以及群体的工作情绪。

② 竞赛规则要科学。竞赛规则的设置一定要科学实际，不能为了追求高标准，而设立一些不可能完成的任务，应当从工作的实际出发，在安全的基础上选择出优秀的人才。同时，对于奖励的方式也要事先说清楚，这样才能有效调动员工的积极性。

③ 防止恶意竞争。竞争分为良性竞争和恶性竞争，班组长的职责就是要遏制员工之间的恶性竞争，并在发现员工之间存在恶性竞争时，积极引导他们参与到良性竞争中来。

（十二）赞扬激励法

当班组长希望员工提高工作效率时，很简单的一个方法就是赞扬他。每个人都渴望得到他人承认、信任、重视和赏识，受人重视、被人赞扬的愿望，已成为内心最强有力的动力。

赞扬的作用常常是出乎意料的。很多员工不仅仅是为了获得薪水而工作，他们更希望得到企业的重视。而对他们最有价值、最有力的赞美就是经常告诉他们说："我为你感到骄傲。"

有人说，赞扬本身是一门艺术。赞扬并非一定要对于那些重大成果，也可以对一些小事给予真诚的赞扬。实践证明，最有效的赞扬方式是面对面，而且最好在对方未曾预料的情况下；另一种同样有效的方式，则是在众人关注的领奖仪式中进行赞扬。但是，赞扬时也要切忌掉进"奉承"这一既虚假又无价值的陷阱里。

第五章

班组员工心理健康管理

　　员工敬业精神与员工心理健康情况密切相关，通过对班组员工心理健康管理的实施，使员工压力处于最佳水平，保持敬业精神，可以充分调动员工的积极性和创造性，由此提高企业的劳动生产率，增强企业的竞争力。同时，实施员工心理健康管理可以使员工感受到企业对他们的关心，使员工更有归属感和工作热情，能吸引更多的优秀员工，由此降低重大人力资源风险。

学习目标

　　1.了解什么是压力及形成压力的缘由，掌握识别员工工作压力及舒缓压力的方法，使班组长能有效地管理员工的压力，使压力变成动力，进而提高班组绩效。

　　2.了解心理问题的层次、表现及诱发心理问题的因素，掌握心理疏导的要求、方法和注意事项，使员工的心理问题在萌芽状态就被发现并被积极地疏导。

学习指引

序号	学习内容	时间安排	期望目标	未达目标的改善
1	班组员工压力管理			
2	员工心理疏导与调节			

一、班组员工压力管理

由于企业外部竞争环境急剧变化，员工的工作压力也不断上升。在班组管理中，因为员工压力带来的员工绩效的降低、离职率的不断上升，也给班组管理带来了许多难题。实施员工压力管理有利于减轻员工心理压力，帮助员工提高工作效率，进而提高整个班组的绩效。

（一）压力的内涵

压力，是指个体对某一没有足够能力应对的重要情景的情绪与生理紧张反应。压力表现在生活的多方面，如生理方面、情绪方面、行为方面、精神方面等。现代生活的压力有很多种，在短时间内经历多种困难，会增加压力的程度。工作、人际关系、生活中的重大事件以及每天的琐事都会带来压力。

人们谈到压力，就好像觉得很压抑，其实，压力不一定是坏事。如图5-1所示，适当的压力能带来良好的绩效。

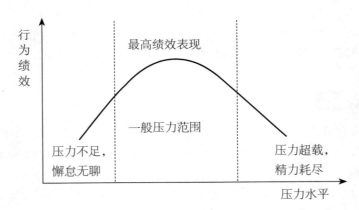

图5-1　压力影响行为的规律

其实，一定的压力会使人精力充沛，并能保持较长时间。如果压力能被很好地控制在一定的可控制水平，它将激励人持续地做出高质量的工作。

（二）产生压力的原因

产生压力的原因有很多方面，从形式上可分为工作压力源、生活压力源和社会压力源三种。

1.工作压力源

产生工作压力的因素主要有：工作特性、职业生涯开发、人际关系、员工在组织中的角色、工作与家庭的冲突、组织变革等。

2.生活压力源

美国著名精神病学家赫姆斯列出了43种生活危机事件，对压力影响程度因素主要有：配偶死亡、离婚、夫妻分居、拘捕、家庭成员死亡、外伤或生病、结婚、解雇、复婚、退休等。可见，生活中的每一件事情都可能成为生活压力源。

3.社会压力源

来自社会的压力源主要有社会地位、经济实力、生活条件、财务问题、住房问题等。

（三）如何识别员工的工作压力

班组长在实施员工压力管理活动时，要学会识别员工的工作压力，及时认识到员工压力的存在，并适时地加以控制，防止压力促使不良情绪的产生，影响正常作业。

1.识别员工工作压力的来源

实施员工压力管理活动，首先要弄清楚导致员工压力的起因即压力源。

工作压力的来源与可能的后果见表5-1，可以帮助班组长做出判断。

表5-1　工作压力的来源与可能的后果

压力源	主要原因	可能后果
工作条件	（1）工作过多或过少 （2）工作的复杂性及技术压力 （3）工作决策与责任 （4）紧急或突发事件 （5）生产物理危险 （6）工作时间变化	（1）生产线歇斯底里症 （2）精疲力尽 （3）生物钟紊乱 （4）烦恼和紧张 （5）威胁健康
人际关系	（1）与上司关系紧张 （2）与同事关系紧张 （3）钩心斗角，不合作 （4）领导对下属不关心	（1）孤独、抑郁 （2）敏感 （3）人际退缩
角色压力	（1）角色模糊 （2）角色冲突	（1）焦虑和紧张 （2）低绩效与低工作满意度 （3）过于敏感
组织系统	（1）结构不合理，制度不健全 （2）派系争斗 （3）无参与决策权	（1）动机和生产力低下 （2）挫折感 （3）对工作不满意

2.认识员工工作压力大的表现

员工压力过大时，大多会有以下一些表现。

① 员工失去工作动力。员工对工作安排有消极抵触情绪，对企业的发展漠不关心。

② 员工工作质量下降。员工工作产量减少或生产效率降低、生产中损耗量和错误率增加、做事拖沓。

③ 员工旷工率高。整个班组缺席人员增加，特别是频繁的、短的缺勤增加。当人感到压力时，第一反应是逃避和厌恶。如果企业给予员工太大的压力，员工常会采取消极的方式躲避工作以缓解压力。

④ 员工流动性大。由于企业让员工承受不适当的压力，使得员工在沉闷、压抑的环境中工作，很容易产生离职的念头。

⑤ 员工之间关系不融洽。同事之间的关系紧张，有斗嘴、打架现象发生，违纪问题也会增多等。

3.学会诊断员工工作压力源

工作压力源诊断见表5-2。通过这样的测试，可以了解员工的工作压力来源。

表5-2　工作压力源诊断

问题	你的得分	备注
（1）我不清楚我的工作任务和工作目标		
（2）我的工作并没有必要的任务或目标		
（3）为了赶上进度，我不得不在晚上或周末加班		
（4）对我而言，对工作质量毫无要求		
（5）我在组织中缺乏正常发展的机会		
（6）我对其他员工的发展负责		
（7）我不清楚该向谁汇报工作，也不清楚谁该向我汇报工作		
（8）我被夹在上司与下属之间		
（9）我在一些无关紧要的会议上耗时太多，影响了正常工作		
（10）我接受的任务有时太困难或太复杂		
（11）要得到提升，我得另找一家企业		
（12）我有责任听取下属的意见，并帮助下属解决问题		
（13）我缺乏行使职责的权威		
（14）正式指令渠道并未形成有机的整体		
（15）我同时负责数目多得几乎无法管理的项目或任务		

续表

问题	你的得分	备注
（16）任务似乎越来越复杂		
（17）继续留在这个组织中会损害我的职业生涯		
（18）我的行动或决策会影响其他人的安全和良好的工作		
（19）我不能完全理解他人对我的期望		
（20）我的工作只由自己一个人负责，与他人无关		
（21）我常完成超过正常工作日、工作量的工作		
（22）组织对我的期望超过我的能力与技能的范围		
（23）我缺乏足够的训练和经验去正确授权		
（24）我感到自己的职业生涯处于停顿状态		
（25）我在组织中的职责更多的与人有关而不是与事有关		
（26）在工作中我几乎没有成长的机会，也学不到新知识或技能		
（27）我无法理解在我工作中包含的全部组织目标		
（28）我从两个或两个以上的人那儿接到相互冲突的信息		
（29）我必须对他人的未来（职业生涯）负责		
（30）我感到自己甚至没有休息时间		

注：1.压力程度给分标准

分值/分	压力程度具体描述	分值/分	压力程度具体描述
1	从来不是	5	经常是
2	很少是	6	一般是
3	偶尔是	7	总是
4	有时是		

2.每个项目都与特定的压力有关

角色模糊题号：1、17、13、19、25。

角色冲突题号：2、8、14、20、26。

角色负荷超载题号：3、9、15、21、27。

职业生涯开发题号：5、11、17、23、29。

个人职责题号：6、12、18、24、30。

3.诊断结果评析

① 总分低于10分：压力程度低，表示生活缺乏刺激，比较简单沉闷，个人做事的动力不高。

② 总分在20～24分之间：压力程度中等，虽然某些时候感到压力较大，但仍可应付。

③ 总分在25分及25分以上：压力偏高，应再一次深入反省一下压力来源和寻求解决办法。

当然，上述测试主要是一个侧面的反映，只能作为一个参考。

（四）怎样舒缓员工压力

舒缓员工压力，不仅仅要针对外部客观因素调整工作计划、有效使用时间、改善工作环境等，作为班组长，应充分关注、调查、分析员工的压力源及其类型，有效管理、减轻员工压力，针对性地运用各种压力管理方法。

1. 勤于观察员工是否有异常行为，然后采取适当措施

如果员工有较大的压力，往往会表现出异常行为，作为班组长，要经常观察，及时采取措施，比如进行心理疏导。当员工的私事影响到工作时，班组长要主动提供帮助。这样做，不仅为员工疏减了压力，还会使员工更快地成长。

2. 建立"无事不谈"的良好沟通渠道，成为员工的倾诉对象

班组长与员工之间搭建一个"无事不谈"的良好沟通渠道，让员工在友好的气氛下互相协作，是一个优秀团队必须具备的条件。长期缺乏沟通会使一支高效的团队处于半瓦解状态。作为班组长要想拥有一支出色的团队，就必须建立良好的"沟通渠道"，了解员工的意见，疏减工作压力，同时尽量协助他们解决疑难问题。

3. 让每个员工知道自己的重要性

在一个班组中，每个员工都有其各自的重要性，作为班组长，要让每个员工都了解自己的价值和责任，并帮助他们树立信心，提高工作能力。当员工承受压力时，轻轻地拍拍他的肩，说一句鼓励、安慰的话。让员工知道班组长对他在工作上有期许，也让他相信自己有能力完成这项工作，积极性、主动性的调动，自然会使工作效率提高，压力得到疏减。

4. 只要情况许可，可多让员工参与决定

班组长要充分相信自己的团队是优秀的，他们在工作中努力，他们知道的第一手信息很多，完全具有发言权。只有信任才会同心协力，所以只要情况许可，就应让员工多参与决定。班组长应定期向员工提供企业的有关信息，使员工知道企业里正在发生什么事情，从而增加控制感，减轻由于不可控、不确定性因素带来的压力。

5. 分工要科学，责任要明确

加班在一些中小企业中很普遍，甚至一些企业以此为荣，作为评选优秀的条件。事实上，如果白天认真努力地工作，把该做的事情、重要的事情、紧急的事情都做了，是没有必要加班的。所以，班组长在安排工作时要讲求科学合理，责任明确，在有效的时间里让不同岗位的员工各司其职，不要让有的人忙得不可开交，有的人变成"闲人"。

6.有针对性地开展员工培训

① 对员工处理工作的技能进行培训，使之工作起来更加得心应手，减少压力。

② 对员工进行时间管理培训（按各项任务的紧急性、重要性区分优先次序、计划好时间），消除时间压力源。

③ 对员工进行沟通技巧的培训，消除人际关系压力源。

二、员工心理疏导与调节

（一）关注员工的心理

员工的行为是由其心理控制的，心理本身看不见摸不着，它是支配、调节人的行为的内部机制。因此，班组长有必要对员工的心理给予有目的的关注，如图5-2所示。

图5-2　关注心理的目的

（二）心理问题的层次

心理问题一般可分为3个层次：轻微心理失调、轻度心理障碍和严重心理疾病。

1.轻微心理失调

轻微的心理失调是由于个人心理素质（如过于好胜、孤僻、敏感等）、生活事件（如工作压力大、晋升失败等）、身体不良状况等因素所引起，它的特点如下。

① 时间短暂，一般一周以内能得到缓解。

② 损害轻微，对工作影响较小。

③ 能自己调整，一般通过休息、运动、娱乐等放松方式使心态得到改善。

2.轻度心理障碍

轻度心理障碍是指因个人及外界因素造成的心理状态的某一方面超前、停滞、延迟、退缩或偏离，它的特点如下。

① 不相协调，其心理活动的外在表现形式与其心理年龄不相称，或与常人不同。

② 损害较大，对正常工作产生了影响。

③ 需要求助于心理医生。

3.严重心理疾病

严重的心理疾病是由于个人及外界因素引起个体强烈的心理反应，并伴有明显的躯体不适感，它的特点如下。

① 可能出现思维判断的失误、情绪抑郁、行为失常、意志减退等。

② 由于中枢控制系统功能失调可引起所控制人体的各个系统功能失调。

③ 需住院专门治疗。

（三）诱发心理问题的六大危险信号

1.人际关系紧张

良好的人际关系、和谐的人际环境能使人获得安全感、成就感、力量感和价值感，会让人感到幸福。反过来说，如果人际关系恶劣，人际环境不和谐，这些积极的情感体验将会消失，取而代之的是猜疑、妒忌、愤怒、冷漠、怨恨等消极的情感体验。当这些负面情绪不断地积累和沉淀，就很有可能爆发，从而导致不愉快的事情发生。因此，当发现班组成员在所处的群体中出现人际关系紧张、矛盾冲突加剧、被其他成员冷落孤立等情况时，就应该密切关注了。

2.成长环境恶劣

在心理咨询中有一条黄金法则：成年人的心理问题从儿童时期找，儿童的心理问题从父母身上找。也就是说在恶劣环境中成长起来的人，长大后或多或少都会有些心理问题。当环境变得易于心理问题滋长时，这部分人较其他人更容易成为心理问题的易感人群。

在以下一些恶劣环境中成长的人最容易有心理问题。

① 单亲家庭（父母离异或亡故）。

② 空巢家庭（父母外出打工）。

③ 家庭暴力及与之相反的过分溺爱。

④ 幼年和童年经历过灾难性事件（或经受过其他一些强烈刺激）等情况。

3.重大生活事件的强烈刺激

当一个人遭遇到亲人染病或亡故、婚恋失败、家庭纠纷、事业受挫等打击时，必然会引发心理上的波动，这些波动包括悲伤、绝望、焦虑、愤怒、抑郁等一些负面情绪，这在心理学上叫做"应激反应"，而这些重大生活事件则叫做应激源。多个应激源同时存在时就会对个人的心理防线造成很大的冲击。如果遇到心理防线比较脆弱，也就是心理承受能力较差的人时，就有可能导致心理崩溃。轻则产生抑郁反应，重则演变成抑郁症。

4.环境突然变化

当出现工作调动、职务调整、执行繁重的任务等情况时，个人首先会启动心理适应机制，来调整心理和生理状态以适应环境。但是如果环境变化过于突然，新旧环境反差过大，加上个体适应机制反应过慢或效率不高时，则会形成适应性障碍，引发心理问题。所以说当员工的生活、工作环境发生突然变化时，应当引起我们的关注。

5.压力过大

适度的压力能使员工处于合理的应激状态，对员工的行为表现有积极作用。而过度的压力如果得不到合理缓解和释放，将会使员工工作能力难以得到正常水平的发挥，产生抑郁、强迫、恐惧、焦虑等情绪，引起生理和心理上的不适与疾病。

6.身体疾病折磨

一些疾病，特别是慢性疾病的出现，不仅伤害身体，心理健康状态也会不知不觉随之变化。有的员工生过一次病，动过一次手术，就总是怀疑自己有病，对自己身体的健康状况焦虑不安。

（四）心理疏导的要求

1.心理疏导要主动

很多人对于心理疏导长期存在错误的认识，认为只有有病的人才需要去做心理疏导，而绝大部分人都不会认为自己有病。其实，寻求心理帮助的人大部分都是心理健康的人。他们在生活中遇到了自己无法解决的问题，比如学习问题、人际交往问题、工作压力问题、职业选择问题等，不是去一个人胡思乱想，而是主动寻找原因，解决问题，但现实生活中并不是所有人都有这样的认识，因此作为班组长要善于主动观察，主动对员工开展心理疏导工作。

2.心理疏导要随机

心理疏导并非要在特定的场所、特定的时间进行，它可以是随机的，比如说下班的路上、与同事一起吃午餐的时间，随机地对员工进行因势利导。以闲聊、谈心的形式，走进他们的内心世界，与他们进行沟通与互动。

3.心理疏导要有耐心

心理疏导并不是特效药，一针见血，一次见效。心理问题的解决需要一个自然的过程。要科学地看待心理疏导，不要期望一次疏导就可以解决问题。因为错误的观念、不健康的行为方式、不幸经历的创伤都不是在一夜之间形成的，所以也不可能在一夜之间得到解决。因此，对心理问题的解决要有一定程度的耐心。

（五）心理疏导的方法

1.聆听法

聆听法是指班组长认真、耐心地倾听员工诉说的技巧，包括耳闻与目睹。

① 耳闻即用耳听，目睹即观察员工的体态语言，从而进一步了解员工的心声。班组长与员工之间是朋友关系，在与员工的交谈中，主要是听，而不是说。

② 听员工讲话时，班组长既不能一直盯着对方，也不能没有目光的交流。在听的过程中，班组长要有所反应，用简短的话语鼓励对方讲下去，比如"嗯""是这样吗"等，表示自己一直在关注他讲话。

③ 在听员工讲话时，自己的情感和体态语言也要与对方相适应。如对方高兴，要表示喜悦；对方悲伤，也要感同身受。在聆听时，身体可以微微前倾，但要与员工保持适当的距离。

2.移情法

移情又叫感情移入。作为心理学的一般术语，指在人际交往中彼此感情的相互作用。当感知对方的某种情绪时，自己也能体验到相应情绪。班组长在进行心理疏导工作时可带入这种方法，来理解和分担员工的各种精神负荷。如一个员工谈到自己当众受辱一事时说："我当时气极了，真想和他打一架，然后辞职不干了。"班组长则可以说："在当时的情况下，你的这种心情是可以理解的，换作是我我也会非常生气的，但是就为这事自己受处分，还要离开太不值得了，也许他那样有别的原因，回头我得好好问问他。"

3.认知法

认知法又称ABCDE理论，它是指发生了事件A，由于有B的想法，便产生了心理障碍的后果C。如果通过心理咨询，将B的想法改为D（新的想法），就会有E这个新的结果，C这个心理障碍就消除了。这种改变认知结构的方法，就是认知法。这个方法也可以称为"说明开导"法，接近于日常的个别思想教育，班组长在使用这种方法时一定要耐心客观，且有理有据。

4.转移法

转移法是指为达到减轻、消除不良心境所采取的一种转移行为，其目的是通过转移注意力，达到心态平衡。当员工因工作失误陷入自责状态，或因家庭关系注意力无法集中时，就不要强迫其工作，可以组织一些拓展活动，让其暂时转移注意力，使情绪得到缓解和放松，调节过后再投入工作。

5.暗示法

暗示法是利用言语、动作或其他方式，使被暗示者在不知不觉中受到积极暗示的影响，从而接受某种观点、信念或指令，以解除其心理上的压力和负担。

班组长在实际工作中可以通过自己的语言或行为，让员工接受积极的暗示，了解自己工作的意义和价值。暗示法对增强自信心，克服工作焦虑、比赛怯场、自卑心理

等有很好的作用，关键是方式方法的运用，要让员工相信这种暗示，否则收效甚微。

6.松弛法

松弛法是指在暗示的作用下，使人的全身肌肉从头到脚逐步放松的方法。以下是几句语言表达的公式。

① 我非常安静。

② 我的右（左）手或脚感到很轻松。

③ 我的左（右）手或脚感到很温暖。

④ 我的心跳得很平稳、有力。

⑤ 我的呼吸非常轻松。

⑥ 我的腹腔感到很暖和。

⑦ 我的前额凉丝丝的很舒服。

这个公式最早是由德国精神病学家舒尔茨提出的，以后各国心理学家根据这个公式，编制了许多放松训练的指导和暗示语，制成录音带让员工进行放松训练。一般一次20分钟左右，一个疗程为10天。经过训练后，员工掌握了这套技术，会迅速使自己的肌肉松弛下来，血压会降低，心率会放慢。

除了这种方法以外，也可以用深呼吸或冥想的方法使身心放松。冥想就是让员工回忆自己经历过的最愉快的一件事，越具体越形象越好。

运用松弛法要有一个安静的环境。放松前，需要坐或躺得舒服，注意力集中，排除杂念，呼吸平稳。此法对因紧张而引起的各种焦虑以及恐慌尤为有效，还可改善记忆力，提高学习能力。这个方法通常与系统脱敏法结合起来使用。

7.系统脱敏法

系统脱敏法是指有步骤地、由弱到强地逐步适应某种引起过敏反应的刺激源的方法。如克服工作焦虑，可将引起员工过敏刺激的过程分解成若干阶段。

① 工作当天走出家门。

② 离公司还有100米。

③ 离公司还有50米。

④ 离公司还有10米。

⑤ 跨进公司大门。

⑥ 进入大楼。

⑦ 走进车间。

⑧ 入座。

⑨ 上班时间到。

⑩ 开始工作。

依次做好10张卡片，编好号。系统脱敏时，先拿出第一张卡片（工作当天走出家门），想象当时的情景，心理若紧张，就做放松练习，放松全身肌肉。放松后，再拿起这张卡片，如仍紧张，再进行放松，直到不紧张为止，而后再做下面一张卡片，依次类推，直到10张卡片都做完，这时工作焦虑也就消除了。这个过程不是一天两天的事，一般一天最多做一张卡片，不可心急。在做后面的卡片时要重做前面的卡片，一直做到想象工作的情境时不再紧张为止。

8.厌恶法

厌恶法是应用一种惩罚性的厌恶性刺激，通过直接作用或间接想象，来消除或减少一种不合意行为的方法。

班组长可指导员工，当自己有"坏"念头时，用橡皮筋弹痛自己的拇指，使"坏"念头与手指的疼痛建立起条件反射：一有"坏"念头，就感到手痛，以此来消除不良行为。这种方法，一定要在员工本人有克服这个心理障碍的迫切愿望时才能进行。

9.疏泄法

疏泄法是指将沉郁在内心的种种不愉快感受，如悲伤的情绪等通过疏通引导得到缓解和释放。做好疏泄法，要求班组长要做好信息的收集工作，多听、多看、多问、多想。通过信息收集不仅要了解班组成员内心的真实想法，还要根据其个性特点给予妥善的关怀、爱护和尊重。

10.激励法

激励法是指激发人的行为的心理过程，增加其积极性和创造性，包括激发动机、鼓励行为、形成动力等因素。

① 班组长要密切关注员工身上的闪光点，要肯定这个闪光点，鼓励它发扬下去，以挖掘员工的心理潜能。

② 激励要讲究方法，要求班组长有敏锐的观察力、明确的目标、诚恳的态度和娴熟的技巧。关键是要激发对方的自尊心和自信心，要做到这一点，就要唤起被激励者的成功经验和对成功的向往，并创造条件促使其成功。

（六）员工心理疏导的注意事项

班组长对员工进行心理疏导也要针对不同的员工区别对待，以下从建立良好关系，学会倾听员工谈话并有效提问及运用非语言技巧等方面来着重介绍。

1.建立良好的关系

在心理疏导过程中，班组长与员工之间的关系是非常重要的。在建立良好关系的过程中，班组长的态度和相应的技巧起着主导作用。基本条件是共情、尊重、真诚和积极，除此之外，还有具体性、即时性、对峙等。

（1）共情

共情就是能设身处地去体会员工的内心感受。共情不仅有同情，更有理解。

在咨询与疏导过程中，班组长不但要正确地了解员工的感受和感受的意义，同时还要将这些感受的理解和体会准确地传达给对方。由于共情，员工感到被理解和接纳，这样有助于建立良好的疏导关系，使班组长了解员工更多的情况。

准确表达共情的注意事项如下。

① 要从员工内心的感受出发，设身处地体验他的内心世界。

② 要用准确的言语表达对员工内心体验的理解。

③ 可借助非言语行为如目光、表情、姿势、动作变化等表达对员工内心体验的理解。

④ 表达共情应适时、适度，因人而异，因时而异。

⑤ 重视员工的反馈信息，必要时可直接询问对方是否感到被理解了。

（2）尊重

尊重是指对员工接纳、关注、爱护的态度，要尊重员工的现状、价值观、权益和人格。尊重员工，可以给员工创造一个安全、温暖的氛围，这样的氛围可以使其最大程度地表达自己，获得一种自我价值感。特别是对那些急需获得尊重、接纳、信任的员工来说，尊重和接纳具有明显的效果。

尊重的注意事项如下。

① 完整接纳一个人，包括他身上的消极面和缺点。

② 以真诚为基础，并非无原则的迁就。

③ 一视同仁，无论男女、贫富、出身、职位等。

④ 对员工热情相待，礼仪周全。

⑤ 信任对方。

⑥ 保护对方隐私。

（3）真诚、积极

班组长与员工一定要坦诚相待，坦率地表示自己的看法，诚心诚意地帮助员工摆脱心理困惑，从而使员工产生可信、可靠的信念。这是个别疏导取得成功的必要条件。

在疏导过程中，班组长要保持中立，要能出能进，真正做一个引导者，而非员工的拐杖，所以对员工积极地关注并不是无条件地接受他们的做法，而是发挥其中积极的因素，相信他们有能力解决问题。

（4）具体性

在疏导过程中，班组长要协助和引导员工清楚准确地表述他们的观点、情感以及所经历的事件，让谈话内容指向具体的事实和细节，使双方讨论的问题更加清晰、准确。

有些员工因为紧张、担忧等原因，常常不能清晰、准确地表达自己的思想和情绪，所叙述的事件、情感常常是含糊的、笼统的、抽象的。而没有具体性，班组长就无法开展针对性工作，也就不可能真正了解员工及问题。对此，班组长的任务就是澄清员工表述的问题，把握真实情况，解决问题。

（5）即时性

班组长在疏导过程中，应将重点放在当时的情况，更多地运用"此刻""这会儿""刚刚"等副词，不要过分注意过去和将来的事件，从而帮助员工明确自己现在的需要和感受。

班组长要时时注意自己和当事人的疏导关系，对当事人的反应及时给予回应和反馈。如"你笑了，现在感觉好些了吧？""你现在很难过，是吗？"鼓励员工更多地暴露问题，促进员工和自己进行更多的有效的交流。

（6）对峙

疏导过程中员工可能会表现出言行不一致，前后表述不一致，感受与结果不一致等情况。对此，班组长要通过询问，帮助员工正确面对自己的矛盾之处。

对峙可以促进员工对自己的感受、信念、行为及所处环境的深入了解，鼓励他们放下包袱，面对现实，实现协调统一。对峙的使用要谨慎和适当，防止影响疏导关系，导致疏导失败。应注意以下几点。

① 建立良好的疏导关系基础。

② 尝试性地使用"也许""似乎"等不肯定的词语，指出员工的矛盾之处。

③ 以充分的事实为依据，避免无中生有，造成伤害，中断疏导关系。

④ 肯定与对峙相结合，语言要温和、婉转、适度。

2.学会倾听与提问

班组长对员工的谈话不仅仅是听听而已，还要借助各种技巧，真正听出对方真实的情感和所持有的态度。并根据实际情况，运用不同的提问方式来深入沟通，最后给予员工以忠告或建议，做好疏导工作。

（1）充分运用开放性提问

开放性提问通常使用"什么""怎样""为什么"等词语发问，让员工对有关问题、事件做出较为详尽的讲述。这样的提问会引出员工对某些问题、思想、情感等的详细说明，一般用于谈话刚开始时，便于双方搭建交流基础平台，而后逐渐进入关键问题。

开放性提问的注意事项如下。

① 良好的疏导关系基础，员工对班组长信任。

② 要注意提问的方式、语调，不能太生硬或随意。

（2）恰当运用封闭性提问

这类提问的特征是以"是不是""对不对""有没有""行不行""要不要"等词语发问，让员工对有关问题做"是"或"否"的简短回答。

班组长使用这种封闭性的提问，可以收集信息，澄清事实真相，验证结论与推测，缩小讨论范围，适当中止叙述等。回答这些问题，只需一两个词、字，或一个简单的姿势，如点头或摇头等，简洁、明确。

（3）适度给予忠告和建议

在疏导过程中，班组长不仅要善于引导员工谈问题，还要针对问题提出一些建议和劝告。

提出劝告时，需要注意以下事项。

① 防止带来潜在的危害。如员工对建议或忠告不以为然时，不要迫使其马上接受，这需要一个过程，循序渐进。

② 话语要含蓄而委婉。例如"如果我是你，我可能会……"

③ 忠告和建议不宜太多，过多使用会起到反作用。

（4）注意运用自我开放

在疏导过程中，班组长谈论自己的某些经历、经验、思想、情感等，有利于建立良好的疏导关系，为员工树立好的榜样，从而增进员工自我开放。

运用自我开放时，需要注意以下事项。

① 建立在一定的疏导关系之上。

② 适量，过多开放和暴露，会挤占员工的时间。

③ 适度，否则会让员工认为班组长心理也不太健康。

④ 适时，否则会对员工的心理带来负强化，增加消极影响。

最后，班组长要把自己的观点、意见等进行组织整理并简明扼要地表达给员工，做一个阶段性小结，这样会使谈话显得有结构、有条理、印象深刻，从而为下一步谈话做好准备。

3.学会非言语运用

心理疏导是由言语和非言语内容交互作用达成的。许多时候，非言语所表达的信息比言语表达的信息要更多、更准确、更真实。

（1）目光注视

班组长与员工交谈时，要有目光的接触，表示出对他所谈的内容非常感兴趣，但也切忌紧盯一处，长时间不变，这会让对方心理产生不适，认为自己真有问题。

（2）形体动作

人的姿态、手势是极为丰富的，是一种特殊的身体语言。作为班组长在与员工交谈时，总的原则是使自己的身体语言融入疏导过程中，以利于咨询与疏导。比如，会谈时，辅助一些手势增强言语表达的含义。

（3）声音特征

声音特征指说话的音量、音调、语速、语气和节奏等。疏导的内容对于员工来说是理性化的东西，但声调、语气则可以让这些理性的东西富有情感，由此引发出员工自身的态度和感情。

（4）距离和角度

每个人都有一个无形的空间，以保持自己的独立、安全和隐私。疏导中，相距太近会产生不安、焦虑、不满和反抗；相反，双方相距太远也会使对方产生冷漠、疏远、孤独的感觉。在疏导时，班组长应根据现场情况把握好距离。

第二篇

班组管理实操

班组管理是指以班组自身所进行的计划、组织、协调、控制、监督和激励等管理活动，其职能在于对班组的人、财、物进行合理组织、有效利用。班组工作的好坏直接关系着企业经营的成败，只有班组充满了勃勃生机，企业才会有旺盛的活力，才能在激烈的市场竞争中长久地立于不败之地。

本篇主要由以下章节组成。

➭ 班组人员管理

➭ 班组生产管理

➭ 班组生产质量管理

➭ 班组设备工具管理

➭ 班组安全生产管理

➭ 班组成本控制

第六章

班组人员管理

导　读

　　人员是班组生产过程管理工作中最重要的因素，人是真正牵制设备故障发生、物料是否齐全、工艺是否达标、环境是否良好的直接决定者。作为班组的领导者和指挥者，班组长应采取合理的方法管理好班组成员。

学习目标

　　1.了解班组定岗定员的要求、原则，掌握定岗定员的操作方法及要求。

　　2.了解员工出勤管理的重要性，掌握员工出勤管理的方法及当员工因各种原因不能出勤的时候的应对策略。

　　3.掌握在班组间进行的培训——班组现场内的训练、教育新员工、开展多能工训练等的操作方法、步骤及要求。

　　4.了解班组成员现场沟通的重要性，掌握沟通的机制、渠道、方法和细节。

学习指引

序号	学习内容	时间安排	期望目标	未达目标的改善
1	班组定岗定员			
2	员工出勤管理			
3	班组现场内的训练			
4	教育新员工			
5	开展多能工训练			
6	班组成员现场沟通			

一、班组定岗定员

（一）班组定岗

班组定岗是指班组根据生产工艺和职能管理的需要，做出明确的岗位设定和技能要求来确定人员编制。如果生产产品的型号变化会带来弹性用工需求的话，则应明确其需求变化规律。

1.根据工艺确定生产岗位

研究表明，一个人能有效管理的直接人数为10人左右，所以一个班组的人数设定以5～8人为宜。根据这一特点以及生产工艺流程，来合理设置班组人数。

设置班组后，根据生产工艺确定生产岗位，根据作业内容配置相应的人数。一般来说，一个岗位配备一位作业者，某些产品有特殊的工艺要求需要临时增加人员的，在班组人员编制上也应事先予以明确，这样才能避免用工需求的紧急性。

2.按需设置职能管理岗位

一般来说，生产班组的职能管理包括计划管理、物料管理、质量管理、考勤管理、设备管理、5S管理、安全管理、成本管理、低值易耗品管理等，这些职能管理工作可以根据班组大小和工作量大小采用不同的方式进行。

第一种方式是所有职能管理均由班组长负责，这种方式适合于人数不多、工作量不大的班组；第二种方式是大部分职能由班组长负责，工作量特别大的某个职能设定辅助岗位，如物料员等；第三种方式是设副职与班组长共同配合、分担管理职能，或同时设辅助岗位，这种方式适合于人数特别多、工作量特别大的班组。

不同的岗位对技能要求和资格要求也都不一样，所以班组定岗不仅是对人数的要求，而且还是对技能、资格的要求，班组长应该切实把握实际。

（二）班组定员

班组定岗之后，班组的标准人数就能基本确定，如果生产产品的型号变化会带来弹性用工需求的话，班组定岗还要相应地明确其需求变化的规律。班组定岗定员通常以班组组织表的形式体现，被批准的组织表是人员需求和作业补员的重要依据。组织架构是班组人员管理的重要工具，是班组职能管理的综合体现。

运用书面化的班组组织架构并及时更新、动态管理，一个阶段内的人员安排就会一目了然，这样便于班组长掌握和调整班组人员。班组组织架构示例如图6-1所示。

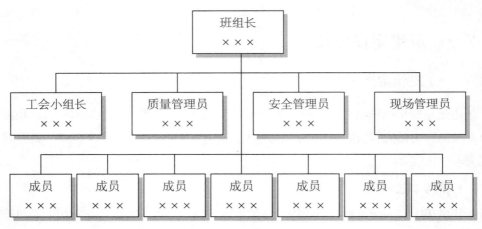

图6-1　班组组织架构示例

（三）员工定岗

1.员工定岗的原则

员工的定岗是根据岗位要求和个人状况来决定的。根据岗位质量要求的特点，可以把员工的岗位区分为重要岗位和一般岗位；根据岗位劳动强度的大小，可以将员工的岗位区分为一般岗位和艰苦岗位。根据员工的身体状况、技能水平、工作态度，以保证质量、产量和均衡生产为目标，可按照下述原则进行定岗安排。

①"适所适才"原则，根据岗位需要配备适合的员工。

②"适才适所"原则，根据个人状况安排适合的岗位。

③"强度均衡"原则，各岗位之间适度分担工作量，使劳动强度相对均衡。

2.员工定岗的好处

①员工在一段时间内固定在某个岗位作业，能使作业技能尽快熟练，并熟能生巧。

②员工定岗有利于保证管理的可追溯性，能够责任到人，做到业绩好管理、问题好追查。

③员工定岗有利于提高和稳定员工技能，确保安全、质量和产量。

④员工定岗有利于提高工作安排和员工调配的效率。

3.未实施定岗的危害

员工定岗后，其操作岗位要求必须相对固定，不允许随便换岗。

但在实际工作中经常出现员工串岗和换岗的现象。串岗是指一般员工未经批准在一个班次之内短、频、快地在不同岗位交替作业；换岗是指一般员工在一段时间内无组织、无计划地随意变换工作岗位。串岗和换岗都属于无管理行为，极易带来现场管理的混乱，其带来的危害是比较大的。

① 岗位变换快，员工作业技能不稳定。

② 易出安全和质量事故，质量和产量难稳定。

③ 责任不清，问题难以追溯，业绩难以管理。

④ 岗位变动大、变动快，处于无序状态，员工难管理。

随着用工制度和用工结构的变化，企业开始出现临时工、季节工、劳务外包等用工形式，班组长根据岗位特点和需要，明确区分岗位性质和用工要求，有针对性地做好定岗定员和员工管理工作，对保障班组目标的实现起着很重要的作用。

（四）补员与员工轮岗工作

定岗定员是班组人员管理的基本原则，但是由于员工流动、员工休假、缺勤、出差等种种原因，绝对的定岗定员很难做到。没有弹性的定员会使班组长疲于应对临时性顶岗，而这种临时性缺员是长期客观存在的；长期的定岗也会使员工技能单一，不但使员工工作失去新鲜感、增长惰性，而且还会使班组临时性缺员时人员调配出现困难。所以，在定岗定员的基础上，适度的弹性人员补充制和员工岗位轮换是非常有必要的。

1.补员管理

出现员工离职或辞职的情形，班组长应该及时向人力资源部门提出补员申请，同时做好临时性的人员调配工作，使生产进度和质量不受影响。临时补充人员到岗后，班组长要对临时补充人员肩负起如图6-2所示的职责。

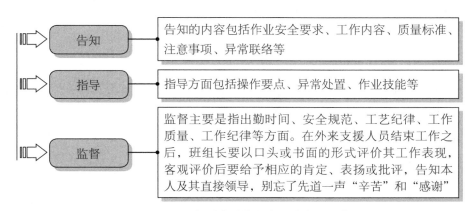

图6-2　班组长对临时补充人员肩负的职责

2.员工轮岗

适度的岗位轮换有助于提高员工学习的热情和欲望，激发班组成员的干劲，培养多能工和后备人员。员工轮岗安排一定要有计划、有组织地进行，要避免仅凭一腔热情的自由主义。在人员选择上，要选取工作态度好、安全意识高、工作质量一贯稳定、原有岗位技能熟练的老员工为宜。一般来说，老员工到新岗位要完全掌握作业技能，快的也要2～3个月。所以，在时间安排上，老员工转岗周期最好以3～6个月为宜。

在转岗安排上，一旦决定某个员工转换岗位，班组长就要像对待新员工上岗一样，指导他、帮助他，明确转岗时间。一旦转岗，换岗人员就要在规定的时间内固定在新岗位上，不允许随便变化。班组长要做好换岗人员新岗位的技能培训、质量考核和业绩管理工作，确保达到转岗目标。应该强调的是，为了确保岗位轮换的严肃性和计划性，班组长务必要将相关安排书面化，并向相关人员或全员进行公开说明。部门每月（一线人员、基础管理）岗位轮岗计划见表6-1。

表6-1　部门每月（一线人员、基础管理）岗位轮岗计划

部门：生产部　　　　　　　　　　　　　　　　　　　　　　月份：7～9月

序号	人员	入职日期	现职岗位	本月轮换岗位	轮岗学习拟程推进（描述每周的学习任务）				负责组长	综合掌握评估	
					第一周	第二周	第三周	第四周		当属组长意见	主管意见
1			电工	装配工	底架安装/贴防声棉	安装柴油、发电机	安装门锁/安装管件	焊机使用			
2			电工	装配工							
3			装配工	电工	开关装配	电缆制作	机组布线	机组对接			
4			装配工	电工							

二、员工出勤管理

出勤管理是班组员工管理的首要方面，事关员工考勤管理和工资结算，影响到现场员工调配和生产进度，涉及员工状态把握和班组能否运转。随时把握员工的出勤状态并进行动态调整，才能确保日常生产顺利进行。出勤管理主要包括时间管理、状态管理、人员后备。

（一）时间管理

时间管理是指管理员工是否按时上下班，是否按要求加班等事情，其核心为管理员工是否按时到岗，主要表现为缺勤管理。一般来说，员工缺勤有迟到、早退、请假、旷工、离职等几种情形。

① 对于迟到、早退等情况，应该向当事人了解原因，同时严格按照公司制度考勤。除非情况特殊，一般要对当事人进行必要的个别教育或公开教育，对于多次迟到、早退，且屡教不改者，应该升级处理。

② 员工请假需按照公司制度，提前书面请假且获得批准后才能休假。特殊情况下可以口头请假，班组长需要确认缘由，并进行恰当处理，既要显示制度的严肃性，又要体现管理的人性化。

③ 出现员工旷工时，应该及时联系当事人或向熟悉当事人的同事了解情况，确认当事人是因为出现意外而不能及时请假还是本人恶意旷工，如果是前者应该首先给予关心，必要时进行指导教育；如果是后者则应视作旷工，按制度严肃处理。

④ 碰到员工不辞而别的离职情形，应该及时联系当事人或向熟悉当事人的同事了解情况，尽量了解员工不辞而别的原因。如果是工作原因或个人没想好，该做引导挽留工作的要做引导挽留，就算是员工选择了离职也要给予必要的感谢、善意的提醒，必要时诚恳地听取其对公司、部门和本人的意见或建议。

员工出勤的时间管理可以根据考勤进行出勤率统计分析，从个人、月份、淡旺季、季节、假期等多个角度分析其规律。例如，夏季炎热，员工体力消耗大，因身体疲劳或生病原因缺勤的情形就会增多。掌握历年来的规律能为班组定员及设置机动员工提供依据，提前准备、及时调配。

（二）状态管理

状态管理是指对已出勤员工的在岗工作状态进行管理，精神状态、情绪、体力如何，班组长可通过观察员工表现、确认工作质量进行把握，必要时可进行了解、交流、关心、提醒、开导，当发现员工状态不佳，难以保证安全和质量时要及时采取措施进行处理；如果发现员工有个人困难而心绪不宁甚至影响工作时，要给予真诚的帮助。因此，班组长要学会察言观色，要发自内心地关心员工，以确保员工人到岗、心到岗、状态到位、结果到位，使生产能顺利进行。

1.有始有终——抓好上下班的几分钟

一个完整的过程需要有始有终，工作也是如此。通常刚上班的10分钟内，是班组问题多发时段。例如，人员迟到、旷工、情绪差、不稳定，材料出现缺料、品质差，机器出现异常、故障或缺工艺文件等。临下班时总体上比刚上班时要稍微好一点，但出现的状况中人员方面的因素会更多些，例如，人员早退、串岗、聊天、怠工、心情浮躁、做事敷衍等。另外，下班时的收尾工作也可能出现人员差错，例如，台面忘记整理、忘记关灯、忘记关电源等。

作为班组长，该如何做好人员的上下班管理呢？一般来说，主要是要提高员工的素质，确保员工能自主管理。

① 班组长应以身作则，凡事自己先做表率，并在平时工作、开会和培训中多言传身教，对员工起到潜移默化的作用。

② 总结在该时段容易发生的问题，制定相应的对策，形成制度并责令员工严格执行。

③ 从管理机制上采取预防措施，消除员工的消极思想的影响。

2.人员流动——运用状态看板

人员流动状态看板主要适合于在离散型企业里工作的班组使用，不适合于流水线作业的班组使用。使用迫切性比较强的班组主要有：IQC、物料组、动力班、实验班等。

人员动态看板的制作与管理方法如下。

① 按班组类别列出人员清单，纵向排列；识别他们可能流动的场所，横向排列；然后把上述内容制成表，打印或画在看板上。

② 粘贴或悬挂在本班组的显眼位置。

③ 类别有白板、纸条等，作用是标示人员的流动状态。

④ 通常由班组长指定人员管理，或者由值日生管理；管理事项主要是清洁、维护和确保有效等。

⑤ 确保标志内容明确，标牌牢固，不会自行滑动或脱落。

⑥ 员工的流动状态要一目了然，一方面有利于员工自律；另一方面也可以规范现场管理秩序，防止人员擅离岗位，如表6-2所示。

表6-2 班组人员流动状态看板

序号	姓名	在岗	出差	请假	去厕所	实施支援	其他
1	林××	●					
2	彭××	●					
3	张××		●				
4	李××	●					
5	罗××	●					
6	赵××			●			
7	顾××	●					
8	邓××					●	
9	朱××	●					
10	陈××				●		

3.特殊情况怎么办——工位顶替

（1）工位顶替的情况

通常如图6-3所示的情况需要工位顶替。

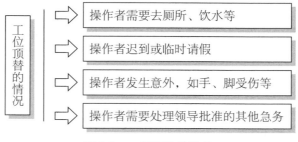

图6-3　工位顶替的情况

（2）管理方法

有人要离位，就要有人去顶替。班组长在平时的工作中，应注意预备工位顶替的人员。工位顶替的程序如图6-4所述。

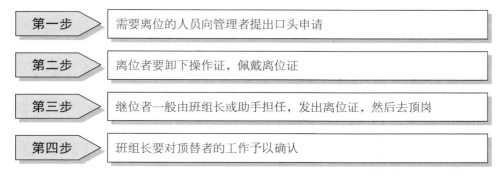

图6-4　工位顶替的程序

4.关注新手

新手是指新入职人员、新近提拔人员或轮（转）岗人员等。作为班组长，要注重对新手的管理，以防止新手因岗位生疏而发生问题。在平时的工作中，对他们要进行重点管理，派专人负责，明确指导人员的职责，并严格把关；定时巡查，首件确认后，每隔两小时再去确认工作结果。

（三）人员后备

为了应对员工流动和临时缺勤的问题，班组长应做好班组岗位员工的后备管理才能有备无患、处变不惊。在员工技能管理的基础上，班组长应通过培养多能工，有计划地做好一线岗位尤其是重点岗位的员工替补安排，预案在前，一旦需要立即按计划启动员工替补安排，可以最大限度地减少缺员带来的被动局面和工作损失。

三、班组现场内的训练

对于员工的教育与训练可分为OJT（On the Job Training，现场内的训练）与Off-JT（Off the Job Training，现场外的训练）。一般把在生产现场进行教育、训练的事情称为OJT；而Off-JT，即离开现场的教育、训练，主要采取集中起来以教育研修的形式进行。

（一）OJT实施的理由

① 在生产现场对作业者最有影响力的是其上司。

② 生产现场出现问题，如果不是生产现场的管理者去处理，解决不了的事情就会很多。

③ 生产现场的业绩和实绩是管理者及其下属的工作总和，所以对下属的教育、培养是管理者的重要工作。

（二）OJT的目的

① 促进生产现场的交流，强化生产现场的合作。

② 一个一个地提高作业者的工作热情。

③ 有效地实施生产现场的工作，就能完成生产目标。

（三）OJT的实施步骤

1.确定受教育者

确定受教育者首先要列举其完成生产现场的各种作业所需要的能力，这里所说的能力是指与作业有关的知识、作业的顺序、作业的要点；应该达到的品质水准、作业速度、作业后的检查要点；接着是对分配至流水线的作业者持有能力的评价，找出其必要能力和实际能力之间的差距，确认作业者不足的能力部分。

2.准备教材

为消除作业者必要能力和实际能力之间的差距，最好的办法是将作业书面化。作业书面化是指将作业标准以文件的形式表现出来，即编制作业指导书。作业指导书起着正确指导员工从事某项作业的作用。作业指导书要明确作业要求的5W1H。

① 作业名称——做什么（What）？

② 作业时间——什么时候做？在哪道工序前或哪道工序后（When）？

③ 作业者——谁去做（Who）？

④ 作业地点——在哪儿做（Where）？

⑤ 作业目的——为什么要这么做（Why）？

⑥ 作业方式——所有工具及作业方法、关键要点（How）。

3.进行实际作业指导

为有效地指导作业，班组长要按以下三个步骤进行。

（1）对作业进行说明

着重讲解作业的5W1H，对现在从事的是什么样的作业进行说明。询问员工对作业的了解程度，以前是否从事过类似的作业；讲授作业的意义、目的以及质量、安全等重要性；重点强调安全方面的内容，使安全问题可视化；对零部件的名称和关键部位、使用的工装、夹具的放置方法进行说明。

所谓可视化就是用眼睛可以直接、容易地获取有关方面的信息。例如，应用标志、警示牌、标志杆、电子记分牌、大量的图表等。

（2）自己示范一遍，让员工跟着操作

示范时，对每一个主要步骤和关键之处都要进行详细的说明，再针对重点进行作业指导；然后让员工试着进行操作，并让其简述主要步骤、关键点和理由，使其明白作业的5W1H，如果有不正确的地方要立即纠正；在员工真正领会以前，要多次地反复进行指导。

（3）注意观察、进行指导

要仔细观察员工的操作步骤，对其操作不符合要求或不规范之处要进行指导，并让其知道在遇到不明白的地方时应怎样做才能快速获得正确答案。

四、教育新员工

（一）新员工的特征和现象

① 不能正确地使用礼貌用语，在路上和上司、客人擦肩而过也不打招呼。

② 由于不知道对上司的言语措辞，所以被上司问到"明白吗？"时只能回答"嗯，明白了"之类的话。

③ 不知道工作场所的礼仪。不知道开关门的礼貌、吃饭的礼貌、工作结果的报告方法、异常时的处理方法等。

④ 不能做实际事务，尤其是刚毕业的学生。

⑤ 由于被斥责少，所以一被上司注意或斥责，就容易变得消沉或极端地反抗。

⑥ 开会时随意地和旁边的人说话。

⑦ 对不熟练的作业，仅凭自己的一点经验和知识就去做。

⑧ 工作进行得不顺利，就埋怨别人，既不谦虚地进行自我反省，也不思考防止再次发生的对策。

⑨ 不知道团队如何协作，也不去考虑。

（二）对新员工教育的方法

① 应以新员工为对象制作简单的教育手册，以公司的组织、职场的礼仪为中心内容，在新员工入厂时就进行教育，3个月后对教育项目中做得不好的要追加教育。

② 上司看到新员工不符合要求的地方，应马上纠正，不要留待事后处理。

（三）对新员工教育的内容

① 遵守时间规则。要告诉新员工上下班的时间，请假时要事先申请等规则。

② 遵守服装规则。告知新员工厂服穿着要求和规定，可以现物来说明或描绘成图来说明。

③ 礼节。告诉早晚见面时的礼仪礼节，而且指导员工要大声地问好，也要告诉其对来宾的礼仪礼节。

④ 言语措辞。对上司的言语措辞，敬语的使用方法。

⑤ 动作。在通道和生产场所不要跑动，应整齐有序地放置好材料和工具等。

⑥ 被命令或者指示过的事情，要在被催促之前就进行报告，并应养成习惯。

⑦ 不好的、糟糕的事情，如不良品发生、机械故障、劳动灾害发生等要迅速告知上司。

⑧ 上司指示的事情应在理解后再着手做（不是因为被说了而无批判地进行行动，而是在理解后着手，在理解之前要询问）。

⑨ 严格依据作业指导书作业。员工要做好工作，就要依据作业指导书来作业，使自己迅速成为能独立工作的作业者，进一步努力改善作业以使作业水平得到提高。

五、开展多能工训练

（一）多能工训练的必要性

多能工训练是现场管理中不可缺少的教育课题之一，原因如下。

① 出现缺勤或因故请假者如果没有人去顶替工作，就会使生产停止或造成产量减少。

② 在品种多、数量少或按接单来安排生产的情况下，要频繁地变动流水线的编制，这要求作业者具备多能化的技艺以适应变换机种的需要。

③ 适应生产计划的变更。

企业为适应激烈竞争，往往会根据客户的某种要求而改变生产计划，这要求作业者的多技能化。

这几天班长张×非常烦。车间里乱得像锅粥，自己所管的生产线总共也就二十几个人，昨天辞工走了一个，今天老员工彭×又因为女儿运动时摔伤了腿，要在家里照顾。彭×的技术能力在整家公司里都是顶呱呱的，每次分到她手头的工作最多，但是有时她还能够比别的人快上一两分钟完成任务，这次她一请假，张×可就有点傻眼了。他们班的工作是流水线作业，又不能停，可是这时候放一个人上去顶彭×的工作是怎么也不够的，再说也不可能像她那样能又快又好地把工作完成。

（二）多能工训练计划的制订及记录

① 调查在生产现场认为是必要的技术或技能，列举并记录到"多能工训练计划表"的横栏上。

② 把生产现场作业者姓名记到"多能工训练计划表"（表6-3）的纵栏上。

表6-3　多能工训练计划表

年　月　日

训练项目 / 姓名	取图	剪断	铸锻	展平	消除变形	弯曲	挫磨	冲压成形	整形	热处理	焊锡	熔接	铆接	组装	抛光	教育训练时间合计
	2天	2天	2天	3天	3天	5天	5天	5天	5天	8天	8天	8天	8天	8天	8天	80天
王××	☆	○	◎	○	☆	◎	×	◎	×	◎	×	×	◎		☆	
李××	◎	☆	◎	◎	○	×	☆	◎	○	×	◎	☆	◎	◎	◎	
刘××	◎	◎	☆	◎	◎	◎	○	◎	☆	○	◎	○	☆	◎	○	
赵××	×	☆	◎	○	☆	○	◎	○	◎	☆	○	◎	○	◎	◎	
周××	☆	◎	◎	◎	○	◎	○	○	☆	◎	○	○	○	×	×	
陈××	◎	◎	◎	☆	◎	○	◎	◎	◎	◎	◎	◎	◎	◎	◎	
朱××	◎	◎	◎	◎	◎	◎	◎	◎	◎	◎	◎	◎	◎	◎	◎	
杨××	☆	○	◎	○	☆	○	◎	○	◎	☆	○	◎	○	◎	◎	
赵××	☆	◎	○	◎	○	◎	○	◎	○	◎	○	◎	○	◎	○	
张××	☆	◎	◎	○	○	◎	○	◎	◎	○	☆	○	◎	◎	◎	

注：☆表示100%掌握；◎表示75%掌握；○表示50%掌握；×表示不需学会。

③ 评价每个作业者所具有的技能，并使用所规定的记号来记录。

④ 制订各作业者未教育项目的教育计划（何时为止，教育何种项目）。

⑤ 随着教育进展的情况增加评价记号。

（三）多能工训练操作方法

① 根据"多能工训练计划表"，按先后顺序逐一进行作业基准及作业指导书内容的教育、指导。

② 完成初期教育指导后，进入该工程参观该作业者操作，注意加深其对作业基准及作业顺序教育内容的理解，随后利用中午休息或加班（工作结束后）时间，由班组长指导进行实际作业操作。

③ 在有班组长、副班组长（或其他多能工）顶位时，可安排学员进入该工程与作业者一起进行实际操作，以提高作业准确性及顺序标准化，同时掌握正确的作业方法。

④ 当学员掌握了正确的作业方法，并能达到作业基准，又具备正常作业流水线的速度（跟点作业），也就是说完全具备该工作作业能力后，可安排进行单独作业，使其逐步熟练，达到一定程度的作业稳定性并能持续一段时间（3 ~ 6日最好）。但训练中的多能工学员在正常的跟点单独作业时，班组长要进行确认。

⑤ 考核学员的训练效果。检查作业方法是否与作业指导书的顺序方法一致，有没有不正确的作业动作，如果有要及时纠正；进行成品确认检查，成品是否满足品质、规格要求，有无作业不良造成的不良品。

通过上述检查均合格后，该员工的工程训练就可以判定为合格。

六、班组成员现场沟通

众所周知，班组生产现场中常常面临着不断出现的问题，为了保证产品的品质，节约生产的成本，班组生产现场的信息往往需要及时地反馈，否则就容易造成产品的品质、物流的配送、销售的售后服务以及企业的声誉等一系列的损失。因此，在生产现场，班组长必须与下属做好有效沟通。

又到午餐时间了，班长王×把操作员小李和小刘叫过来一起吃饭。

"小刘，我发现你现在的熟练程度提高了，继续努力！"班长王×说。

"谢谢！"

"我也恭喜你！你的努力让领导看到了！这几天我可就惨了，也不知道是怎么回事，我的（产品）合格率一直很低，也弄不清楚是什么原因造成的。"小李说。

"小李，我也留意到了，你的合格率比前几天低了一些。我还在担心你这两天是不是家里有点什么事情。"王×说。

"我也不知道是怎么回事，好像这几天总出错，后来我发现总是在过那台×××机的时候就出问题。可是这台机我天天都用的啊，真有点想不通。"小李一说起这件事就觉得满腹委屈。

小刘一听，"不对不对，这不是我们原来的那台×××机了，那天晚上我们上夜班时，那台机器出现故障，拿到维修部修去了，因为我们急着要用，维修部就拿了一台备用的给我们，这台备用的倒是比原来的那台好用，不过有3毫米的误差，所以每次用的时候要往右移3毫米，我看你第二天回来和小赵站在×××机旁比划了很久，我还以为你已经知道了呢。"

"啊，天呐，你怎么不早告诉我呢，我这个月的奖金泡汤了！"小李高声叫道。

一般来说，信息沟通在一个班组或一个组织中呈现以下几种状态，见表6-4。

表6-4　信息沟通在班组中呈现的状态

班组长	某员工	班组内其他员工	知情方式/处理方式
我不知道	你不知道	大家都不知道	上网、翻书、求教他人
我知道	你不知道	大家都知道	新员工、某情况发生时不在场的人员应该让他尽快了解班组工作中的要求、规则、变化
我不知道	你不知道	大家都知道	说明班组长与员工之间关系可能过于亲密或已形成利益小团体，须注意不良影响，避免员工联手反抗自己
我不知道	你知道	大家都不知道	请相关人介绍方法、技巧，或重用相关人在某一方面的技能
我知道	你知道	大家都不知道	你/我犯了错误或有小秘密，在可以原谅/接受的范围内，内部自行处理
我不知道	你知道	大家都知道	员工们可能犯了错误或者想要联手对付你，此时需要细心观察员工的表情、反应，或用请外部人员来调查自己的方式来了解缘由

（一）现场沟通的目的

班组人员如果做好现场沟通工作，可达到以下几个方面的目的。

1.迅速解决工作中的问题

现场生产中各种问题总是层出不穷，必须不停地去面对它。班组内面临的问题，必须要由全体成员一起来解决，但是如果信息交流不畅，双方之间就无法达成共识，也无法解决问题，就更别说提升产品品质了。

2.促进上下级间的相互理解、信任，不断提高团队的凝聚力

一个团队中的任意两个成员，起初都是从陌生到认识，从并不相互信任和相互理解，到逐步相互信任和相互理解，只有通过长时间的沟通交流，才能够产生信任、相互理解，才能提升班组的凝聚力。

3.分工协作，达成共识，提升效率

班组中每一个成员的分工不同，他们之间只有通过沟通协调，才知道各人的分工及个人要做的工作，这样才可以各自调整自己的工作计划和行为，迅速解决生产中所面临的问题。

（二）现场沟通的技巧

作为班组长，要想有效控制产品品质，在生产作业现场与下属进行沟通时应具备以下一些技巧。

1.下达指示时内容要具体

作为班组长，在生产现场你是否曾下达过这样的指示？

"做完以后一定要自己检验一下，看有没有质量问题！"
"小心检查来料，看看有没有什么不良，要是有，统统给我拣出来！"
"凡是有异常的，一个也不要放过！"

如果你经常这样发指示的话，那应替下属想想：收到这样的指示，下属真的会按照指示去执行吗？如果执行了，真的就能达到要求吗？答案是：肯定不会。为什么呢？因为下属还没有"听懂"指示的真正含义与标准。比如，要看哪种来料的何种不良？自检要检查什么内容？从指示里根本听不出来。另外，如果下属是个新人，接到这样的指示，恐怕更是一头雾水，无从下手。

从以上分析可以看出，这个责任不在于"指示"接收方，而在于指示发出方。那么，在沟通过程中，班组长该怎样下达"指示"才算是有效的呢？以下答案可供班组长参考。

"今天在投入Ａ公司的塑胶材料前，要全数检查其扣位是否有披锋、缺口、拉斜、闭塞等现象，具体规格参照客户送达的样品。"
"××半成品上机前，要全数检查内外箱、彩盒、胶袋是否用错，如用错，则整批退回仓库。"

"为了提高品质，这个月我们要全力研究塑胶件裂纹所引起的不良，所以一定要收集工程内的相关数据。"

以上所列举的指示就非常具体，下属一接到班组长这样的指示就知道如何去做，而且在做完后一定会有结果反馈回来。总之，一个具体的指示里要有5W1H的具体内容，即What：做什么事？Who：谁去做？When：什么时候做？Where：什么地方做？Why：为什么要做？How：怎样去做？

只要5W1H明确了，下属就一定会按照指示要求将事做好。同时，班组长在下达指示时，还要注意以下问题。

① 指示时可用口头谈话、电话、书面通知、托人传递、身体语言等传递媒介。能当面谈话的就不要打电话；能打电话的就不要书面通知（规定文书除外）；能书面通知的就不要托人传递。

② 发出指示、命令之前，可先从向下属询问一些相关联的小问题开始，通过下属的回答，把握其对所谈话题的兴趣度、理解度之后，再把你的真实意图亮出来。

③ 除了绝对机密的信息之外，对下属应说明你发出该指示、命令的原因，而且是在自己认识、理解后发出的，不要做一个传声筒。"这是上面的指示，我也不知道为什么，你照办吧！"这样一来，下属的第一个心理反应就是："你都不知道，叫我怎么做？"

④ 已发出的指示、命令，有时不得已要重新更正。如一些对策方法，常常是发现一点更改一点，改来改去，不改又不行，弄得下属疲于奔波，此时应加以说明。如果不加任何说明，极易触发下属的不满："天天改，说话一点都不算数！"甚至不予执行。

2.让生产现场充满生气

让生产现场充满生气，这样，下属才能集中精力做好自己手中的工作，力保产品的品质达标或提升。所以，作为班组长，有必要让班组的现场充满生气。

（1）现场有无生气的比较（表6-5）

表6-5　现场有无生气的比较

无生气的现象	有生气的现象
◇生产现场的规则混乱，无人遵守 ◇对稍微一点脏感觉不出来	◇生产现场的环境改善和下功夫改善的提案多 ◇生产现场的整理、整顿、清扫无微不至
◇员工不相信领导或上司 ◇出现内部彼此告发的征兆 ◇员工回避费时、费力的工作	生产现场的招呼声大，有轻松愉快的氛围，早上大声地相互问好，大声地传达指示命令，大声地回答命令等

（2）使生产现场充满生气的对策

① 班组长以身作则。在生产现场，班组长应该以身作则，在理解企业品质方针和自己地位的基础上，严格遵守产品操作规程，并带有使命感地工作，从而用自己的行为带动下属。

② 确立指示、命令系统。生产现场方针明确，指示命令一体化。

③ 确立报告制度。明确要求向发出指示、命令者一人报告就行。

④ 公平评价并反馈。班组长应对下属所做的事情进行公平的评价，并将评价结果传达给当事人。评价下属工作时，做得好就表扬，做得不足时就说："再进一步就好。"多说激励下属的话。

⑤ 让下属有独立思考、发挥的机会。班组长不是什么都要发指示去管理，而应让下属根据自己的能力独立去思考。其实，对于在现场作业的下属来说，如果班组长只是给下属一个文件告诉他要怎样、怎样去做、要注意什么、可以做什么等，还不如直接将产品上、下限的样品给到下属，让下属进行自主判定、自己发挥，只要能够很好地将操作的差异控制在企业所要求的可接受范围之内即可。

⑥ 帮助生产现场的下属。支持QCC品管圈的成长，创造现场以外的谈心机会。

⑦ 不发牢骚、不发怨言。在生产现场有时会遇到想发牢骚的情况，以班组长为首的成员要制造不说怨言的氛围。

为适应高速发展的业务需求，企业引进了一批新的生产设备，为了让下属能够熟悉新生产设备的操作、迅速投入工作中去，车间主任决定让车间所有下属进行为期两周的产品试做。这个消息刚公布出来，就在车间炸开了锅。一班班长孙×说："试做时间这么长，还要总加班，这样太累了。"接着下属李×也附和道："是啊，上次试做之后也没有什么反馈，试做到底有什么用啊？"听他们这么一说，全班成员干脆停下手中的活，东一伙、西一堆，就这事讨论开了，整个现场乱成一团。

⑧ 经常制定目标，为达到目标而努力。有关生产现场的业绩要告知全体人员，使他们有努力的目标。可制定"降低不良品率、解决交货期延误、降低成本、防止劳动灾害、完成改善提案的件数、QCC品管圈的活性化"等目标，让大家来挑战并且达到这些目标。

3.适时关注下属情绪

"王班长，李姐她今天心神不定的，好像又有些地方做错了。要不明天你让我多干一点？"作业者张×在收工时对班长王×说。李××是这个车间的老下属了，工作一直很认真、效率也高，很少出错。因此，班长王×将她放在她们班最后的位置上，让她除了完成自己的工作外，还要顺便检查班里其他成员的工作完成情况。这样的安排也让李××觉得很高兴，前段时间做得很开心，有时还会自己主动加班到很晚。可是近来，也不知道是怎么回事，李××的不良品率一直居高不下，精神状态也不太好。因此，王×决定找李××谈一谈。询问之下才知道，原来李××的儿子这些天患病毒性感冒，发高烧，丈夫又在外地工作，小孩放在家她不放心，放在婆婆家里，可那里离家又远，所以她每天得婆婆家、公司、自己家三个地方不停地跑，天天疲惫不堪，无法静下心来工作。

（1）下属情绪低落的时机

① 工作不顺心时。因工作失误，或工作无法照计划进行而情绪低落时，就是抓住下属心情的最佳时机。因为人在彷徨无助时，希望别人来安慰或鼓舞的心比平常更加强烈。

② 人事调动时。因人事变动而调到本班组的人员，通常都会交织着期待与不安的心情，应该帮助他早日去除这种不安。另外，由于工作岗位的改变，下属之间的关系通常也会产生微妙的变化，不要忽视了这种变化。

③ 下属生病时。不管平常多么强壮的人，当身体不适时，心灵总是特别脆弱。

④ 为家人担心时。家中有人生病，或是为小孩的教育问题等烦恼时，心灵总是较为脆弱的。

（2）探索下属心灵状态的方法

不妨根据以下几个要点来观察下属的心理状态。

① 脸色、眼睛的状态（闪烁着光辉、灼灼逼人、视线等）。

② 说话的方式（声音的腔调、是否有精神、语速等）。

③ 谈话的内容（话题的明快、推测或措辞）。

④ 走路的方式，整个身体给人的印象（神采奕奕或无精打采的）。

班组长要了解这些资料，然后加以运用，观察下属心灵的状态。

（三）改善现场沟通渠道

在现场管理中，班组长该如何提升现场沟通交流的手段和改善沟通的渠道来节约时间、达到产品品质控制的目的呢？

1.提高信息交流的手段

信息交流一般可以采用声音、图像、身体语言、刺激对方的嗅觉等方式来实现。在日常生活中，以声音和图像交流为主。因此，在生产现场的交流中，班组长更多的是要训练自己的口头表达能力、书面报告能力及表单的制作能力。如果有条件，一些电子通信工具的使用对于提升交流的手段也是比较重要的。

所以，在信息交流时，班组长要注意提升信息交流的手段和改善信息交流的渠道。

2.改善信息沟通的渠道

生产现场发出的信息需要得到及时反馈，因此生产现场的沟通是信息全通道型交流，否则生产、物流、销售便会受到影响。为了得到及时反馈，就得在第一时间将信息向外发出去，同时也要求在第一时间接收并继续反馈，实现关于生产物流、销售、信息的来回的交流。班组内也应该形成这样的小循环，可以大大地节约决策时间，节省时间成本。具体如下图6-5和图6-6所示。

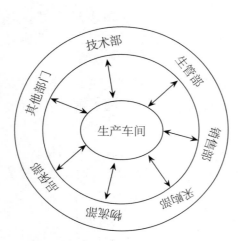

图6-5　生产车间与部门的沟通示意

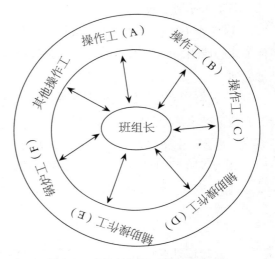

图6-6　班组长与员工的沟通示意

第七章
班组生产管理

导 读

　　班组生产管理，是对班组生产活动全过程进行的管理工作，也是班组最基本的日常管理活动。班组生产管理的基本内容包括组织、计划、准备、控制四个方面内容。

学习目标

　　1.了解企业生产的真正本质、类型及其特征。

　　2.掌握生产管理的基本方法——5W2H法、三直三现主义、五个为什么问题解析法、现场巡查法等，并能灵活运用于生产管理中解决实际问题。

　　3.了解班组生产计划的类型、生产准备的工作事项，掌握计划的制订方法及生产准备的标准、要求和要领。

　　4.掌握班组生产过程控制的方法及班组生产现场的细节，确保有效地控制4M，达成Q、C、D要求的作业活动。

学习指引

序号	学习内容	时间安排	期望目标	未达目标的改善
1	生产的真正本质与类型			
2	生产管理的基本方法			
3	班组生产的计划			
4	班组生产的准备			
5	班组生产的控制			
6	班组生产现场细节			

一、生产的真正本质与类型

（一）生产的真正本质

通俗来说，"生产"即制造物品，制造的物品需要具有某种用途并对社会有用，这个过程涉及交货日期、产品品质及成本三大要素。而生产的真正本质是运用材料（Material）、机械设备（Machine）、人（Man），结合作业方法（Method），即所谓的4M，达成品质（Quality）、成本（Cost）、交货期（Delivery），即所谓的Q、C、D要求的作业活动。

（二）生产的类型

1.计划生产型

为满足一个由不特定顾客所构成的市场需求，对产品的式样、品质、规格等先做计划，再从事生产的形态，如食品、服装、汽车、家电等行业就属计划生产。

计划生产除作业度稳定、成本较低外，还具有以下特征。

① 依照销售预测来进行计划生产，且大都为大量生产。

② 产品的设计在一定时期内定型化。

③ 使用的机械设备大都为专机、单能机。

④ 工厂布置基本按产品类型来进行。

⑤ 产品的单位制造时间较短。

⑥ 采用流程作业方式，作业细分化，对员工的作业熟练度要求不高。

⑦ 所需的材料，可按生产计划进行有计划的采购。

2.订货生产型

在每次生产时，依客户所要求的式样、品质、规格等进行组织、安排。典型的有造船、土建工程等。

一般来说，订货生产多为多品种、少量生产，所以工作量不稳定，程序变更频繁，机械运转率较低，作业度容易改变，但由于是接到订单才生产，所以能做稳健的经营。总体来看，订货生产具有以下特征。

① 依照订货进行生产，基本上是多品种、少量生产。

② 接到订单后才进行设计或组织生产。

③ 使用的机械设备多用广泛通用的机械。

④ 产品的制造周期较长。

⑤ 对作业人员的熟练度要求高。

⑥ 所需的材料除部分通用品/标准品外，需要每次订购。

订货生产的关键在于如何在确保品质的前提下，缩短交货期。

3.混合生产型（计划生产与订货生产的混合）

混合生产型是在订货生产的基础上，对共同的零配件或半成品、材料做计划生产安排。

这是为应对产品多品种化、规格个别化（少量多品种）的要求及短交货期要求，为降低成本，而将共同的零配件或半成品、材料做计划生产。

二、生产管理的基本方法

在长期的生产管理实践中，形成了多种生产管理的方法，基本有5W2H法、三直三现主义、五个为什么问题解析法、现场巡查法等，为了更好地组织生产，各个企业或班组还要根据自身的客观情况，找到适合自身发展的强有效的生产管理方法。

（一）5W2H法

5W2H法是抓住问题、分析问题、解决问题的一种重要方法，它为我们提供了面对问题时的思路。5W2H法的目的在于协助我们发掘问题的真正根源所在以及可能的创造改善途径。有些人甚至提出了5×5W2H法，5×表示5次，意为对问题的质疑不要只问一次而要多问几次。

1.5W2H的含义

5W2H法，即面对问题时自问为什么（Why）、做什么（What）、何人（Who）、何时（When）、何地（Where）以及怎样（How）和多少（How much），从而找到解决问题的方法，如图7-1所示。

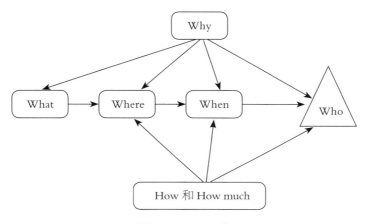

图7-1　5W2H法

What——什么事？要做什么？用以明确工作任务的内容及目标。

Who——由谁来执行？谁来负责？用以明确工作任务的担任者。

When——什么时候开始？什么时候结束？什么时候检查？用以明确工作任务的规程。

Where——在哪里干？哪里开始？哪里结束？用以明确工作任务的空间位置和变化。

Why——这样做的必要性是什么？有没有更好的办法？告诉下级事情的重要性可以使他更负责任或受到激励。

这五个单词的首个字母都是以"W"开头，因此称为"5W"。

How——用什么方法进行？用以明确工作任务完成的程序、方法的设计。

How much——做多少？做到什么程度为好？会花费多少成本？用以明确工作任务范围及解决问题所需成本。

这两个单词的首个字母都是以"H"开头，因此称为"2H"。用这种方法进行提问，有助于我们思路的条理化，杜绝工作的盲目性，具体操作实践如表7-1所示。

表7-1 会议进行方法（问题议案）

序号	内容（问题、议题）	目的（目标）	场所	时间（计划）	方法（对策内容）	费用	责任人
	What	Why	Where	When	How	How much	Who
1	在制品数量不清（卷材、实心带）	把握在库	材料仓库	6月10～15日	（1）实心带每日存库（2）卷材每日存库	无	王×× 罗××
2	材料发单跟催	材料确保	各部门	6月10～15日	（1）发单检查书（2）发单管理表	无	彭×× 邓××
3	冲压机及模具确认修理	冲压不良尺寸大	冲压部	6月10～15日	（1）更换下模块（2）模仁两侧研磨各0.05mm	无	杨××
4	试模	确认尺寸修模效果	冲压部品管部	6月10～15日	（1）试模品50pcs试操作（2）尺寸检查	无	张×× 周××
5	量产开始	100pcs	生产部	6月10～15日	（1）工程确认（2）组装现状确认	无	陈××

注：pcs（pieces），量词，一般指个、条、件、张、套等。

2.5W2H法自问的顺序及内容

5W2H法自问的顺序及内容如表7-2所示。

表7-2 5W2H法自问的顺序及内容

5W2H	意思	区分
What	做什么？有必要吗	对象
Why	为什么要做？目的是什么	目的
Where	在哪里做？一定要在那里做吗	场所
When	什么时候做？有必要在那时做吗	时间
Who	由谁做？其他人做可以吗	人
How	怎么做？有更好的方法吗	方法
How much	进行改进，会付出什么样的代价	成本

在工作中充分运用5W2H法解决问题可以取得事半功倍的效果。比如有关汇报的问题可以通过5W2H法进行解决。

① 这次汇报的主要内容是什么？（What）

② 为什么要使用这个方案？它能达到一个什么样的目标？（Why）

③ 由谁来执行，谁来负责？（Who）

④ 现在进行到什么阶段？预计什么时候能结束？（When）

⑤ 应该在什么地点？（Where）

⑥ 是否需要其他人的配合？（How）

⑦ 大约会花费多大的成本？（How much）

相关情况一一列出后，汇报工作基本上就会很明白了，利用这种方法来考虑问题更有利于工作的条理化。

（二）三直三现主义

三直三现主义是由日本《现场管理者》一书提出的，其内容包括直接现场、直接现品、直接现象。

在生产现场，每天都会发生许多问题，如劣质品生产较多、工伤事故的发生、混装货物等，遇上这些事情，首先班组长应到现场去看一看，听取相关人员的见解。如果管理人员只是坐在会议室里听取有关人员的汇报，仅是凭想象地讨论对策是错误的。因为下属的汇报不可能面面俱到，也不能保证点明关键问题，这样会使班组长的思路和判断出现偏差，有可能遗漏重大问题。

若在听取汇报的同时马上来到现场视察，多数情况下是能弄清事故发生的原因的。让大多数人去看现场，进行调查，比只有少数人看现场能了解到的情况更多。这时能马上进行的处置和对策应尽快实行，这一点至关重要，这就是三直三现主义。

（三）五个为什么问题解析法

我国有一句歇后语"打破砂锅问到底"。班组长在做工作时其实也需要这种打破砂锅问到底的精神，在现场许多问题，尤其是质量问题，只要你多问几个为什么，你就会发现问题的原因所在，解决问题的方法也就掌握在你的手中了。

五个为什么的特点是就问题点直接发问，回答也只需要就问题直接做回答。回答的结果又将成为下一个问题，就这样一直追问下去，连续五次就可得出问题产生的真正原因，进而迅捷地解决问题。

某组长一天发现生产现场的地板上有一摊油，他把当班的一个员工叫过来问："为什么地上会有油？"

员工回答："啤机正在漏油。"

"啤机上有个破洞。"

"为什么啤机会破一个洞？"

"活塞坏了。"

"为什么活塞会坏？"

"嗯，有人告诉我们，他们采购这批活塞的价钱很便宜。"

班长打电话询问，结果是公司里有个规定，鼓励以最低价格采购，因此才会采购这个有毛病的零件，以及漏油的啤机和地板上的一摊油。

挑一个你希望由此开始对症下药的症状，也就是你希望由此解开死结的线索。问大家第一个为什么："为什么××事情会发生？"结果，可能有三个或四个答案。把这些答案都记录在纸上，在答案四周留下充裕的空间。

就纸上写下的每个叙述，重复相同的流程，针对每个叙述问"为什么"，把答案写在第一个问题的旁边。追踪看起来比较可能的答案，并对这些答案进行整合，你会发现多个个别症状或许可以追溯到两个或三个系统根源，这样问题就迎刃而解了。

（四）现场巡查法

现场巡查也就是所谓的走动式管理，试想班组长如果只坐在自己的办公桌前，那么怎能了解本班组生产进度、产品质量状况和员工精神状态呢？

1.生产现场巡查目的及要点

进行生产现场巡查的目的如图7-2所示。

图7-2　生产现场巡查的目的

（1）掌握生产进度

生产进度落后，是许多企业生产作业管理的通病。因此，是否能够准确掌握进度情况也就成为生产现场巡查的主要内容之一。但如果想通过现场巡查去发现生产落后的问题，需要巡查者对生产进度和生产工序非常熟悉。

① 要熟知产品及产品零部件订单情况。作为班组长，应当一看到生产线上的半成品或零部件就知道是哪一个订单的产品，或者是哪一个型号的产品，否则，就无法判断班组是否在按计划进行生产，有无将着急交货的产品放在一边，在生产缓期交货的产品时，是否有不配套隐患等。

② 要了解产品的生产工艺。了解产品的生产工艺，可以对各道工序的生产平衡状况进行评价，可以更好地在巡查过程中发现问题。比如，有无下道工序急着要的零部件，上道工序已经生产出来却迟迟未见交出等现象。

③ 要从产品一上线就进行巡查。每一款产品刚上生产线或刚进行开料就要及时进行跟踪巡查，这主要有两方面原因。

a.开料时零部件少，此时开始跟进便于认识产品；当生产已经在各工序全面铺开，在制品及零部件较多，此时去巡查，会出现辨认困难的情况。

b.便于准确跟踪进度，因为从产品一上线就注意对各个环节进行巡查，有利于全面把握生产进程，及时发现问题。

（2）发现品质问题

发现品质问题要从以下几个方面着手，具体如表7-3所示。

表7-3　发现品质问题的关键点

序号	重点关注点	原因
1	品质问题多发环节	在一个产品的生产过程中，或一个企业的若干道工序中，一般都存在着一个或几个品质问题的多发环节，这个环节可能是某台设备经常出现问题导致生产出现较大的加工误差，也可能是某一工艺技术一直不成熟，也可能是控制水平不过关或人为因素等，对这些问题多发环节应该在巡查时多加注意

续表

序号	重点关注点	原因
2	手工作业集中的工序	用设备加工比手工作业更容易控制品质，所以应注意手工作业集中的工序。因为每一个人的工作经验不同以及理解力、反应能力、责任心等不同，对于产品的品质影响会很大，所以说，这些地方都要在巡查中多花时间去观察和认真进行检查
3	关键工序的品质问题	每一个产品的生产都有一两个关键工序，它直接影响产品的质量，这也是巡查的重点
4	新工艺、新材料	用到新工艺或使用新材料的工序、部位，往往都会因为技术的不成熟或经验的不足而出现各种问题，巡查时要特别注意
5	新员工较多的工序	工作经验不足，也是出现问题的原因之一，新员工较多的工序，常常是问题多发、效率较低和管理较难的工序

（3）检查员工操作方法

对于员工的巡查，要注意以下几个方面。

① 作业人员是否佩戴劳动防护用品及个人标志。

② 作业人员是否与设备标示的操作员相同。

③ 作业人员有无带病及疲劳作业。

④ 作业人员有无按照正常的操作程序进行操作。

⑤ 作业人员有无按照正确的工艺流程进行作业。

⑥ 半成品的码放是否符合要求。

⑦ 对于超重、贵重物品的移送是否符合规范。

⑧ 是否依照操作指导书的要求进行作业。

⑨ 作业人员离机时是否关机或调至自控状态。

进行操作方法的巡查，首先，要研究和熟知操作方法。只有班组长自己知道标准操作方法，才能去判断员工的操作方法正确与否。其次，应建立作业标准文件。作业标准文件是员工作业的依据，作业标准文件应该规范、科学、严谨，并且要加强宣传和进行培训，使每个操作人员都清楚明白。

（4）防范安全事故

要注意防范的安全事故种类主要有以下四类，具体如图7-3所示。

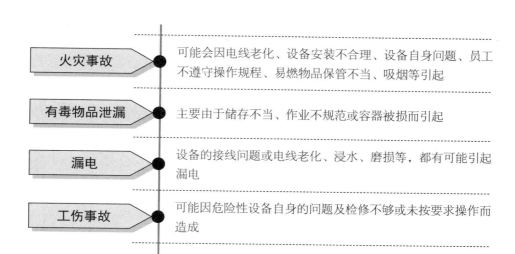

火灾事故	可能会因电线老化、设备安装不合理、设备自身问题、员工不遵守操作规程、易燃物品保管不当、吸烟等引起
有毒物品泄漏	主要由于储存不当、作业不规范或容器被损而引起
漏电	设备的接线问题或电线老化、浸水、磨损等，都有可能引起漏电
工伤事故	可能因危险性设备自身的问题及检修不够或未按要求操作而造成

图7-3　安全事故种类及原因

安全事故常常是由设备所引起的，所以进行设备检查对于防范和发现安全隐患有重要意义，进行设备的检查常用"看、闻、听、摸"的方法。

① 看：看设备有无摇晃、偏摆、过大振动的情况。

② 闻：闻设备及其周围有无异常味道。

③ 听：听设备发出的声音有无不正常。

④ 摸：摸设备各部分有无异常的发热或振动等现象。

（5）检查员工的劳动纪律

劳动纪律巡查的要点有以下几方面。

① 作业人员是否有串岗、离岗行为。

② 作业人员是否在干私活。

③ 作业人员是否在全神贯注地作业。

④ 作业人员是否在自己的工位上。

⑤ 作业人员的岗位标志是否清楚。

⑥ 作业人员的出勤情况如何。

（6）"5S"的检查

"5S"的检查主要有以下事项。

① 有无用途不明之物。

② 有无内容不明之物。

③ 有无空的容器、纸箱。

④ 有无不要之物。

⑤ 输送带和物料架下各个角落有无放置杂物。

⑥ 有无乱放个人物品。

⑦ 物品是否按照要求堆放。

⑧ 有无已经变形的包装箱。

⑨ 工具、量具、模具等是否放在规定位置。

⑩ 有无将物品直接放在地面上，移动是否便利。

⑪ 架子的后面或上面是否放置不相关的物品。

⑫ 架子及保管箱内，是否按照标示放置物品。

⑬ 危险品是否有明确标志，灭火器是否容易操作、是否有操作说明。

⑭ 作业人员的身边是否放置有杂物。

⑮ 同样的零部件是否散置在几个不同的地方。

⑯ 进行"5S"现场巡视，最好事先准备好"检点表"，这样巡视时可边检查边打分。

2.现场巡查方法

（1）灵活使用每日作业实绩表

作业实绩表是对员工每日工作内容的详细记录，班组长通过每日查核作业实绩表，可以有效地掌握员工的工作进度，同时能从作业实绩表中发现工作中存在的品质问题并加以改善。

以下是某企业班组A员工的"每日作业实绩表"，如表7-4所示，供班组长参考。

表7-4　A员工每日作业实绩表

日期：

作业周期	作业内容	所花时间/小时	作业价值	备注
8:00 ～ 12:00	A产品品号的选别	4	不产生价值	A产品品号的选别作业是不能向客户要求代替的
13:00 ～ 15:00	参加工作会议	2	不产生价值	会议，客户也不买单
15:00 ～ 16:30	B品号的打孔	1.5	产生价值	90分钟打了470孔，可直接为公司赚到200元
16:30 ～ 17:00	A品号的选别	0.5	不产生价值	
分析说明	A员工当日有价值的工作只有1.5小时，所以对员工工作实绩的检查就从其余的6.5小时作业内容开始着手			

（2）早上30分钟全区巡查

班组长每天奔波于现场巡查，如果一个问题也没有发现和解决，原因就在于不明确每次去现场巡查的目的和内容，结果只能是途劳无获。所以，班组长在巡查时必须

先确定巡查的内容，即每次去现场前先问一下自己："这次我要去干什么？"

早上30分钟全区巡查方法如下。

① 带上自己的助手。

② 发现不合理的工序让自己的助手去处理。

③ 发现品质问题，严格对待，及时处理。

④ 一时不能解决的问题，立即进行调查研究。

⑤ 然后召开现场会与相关负责人共同评价刚才所发现的工作问题，并立即下达新的指示。

⑥ 对看到的人际关系的不和谐处也应给予协调和明确的指导。

（3）下班前30分钟全区巡查

下班前30分钟巡查方法如下。

① 仔细检查机器运转情况。

② 统计产品数据，掌握不良品的发生情况。

③ 观察员工的工作状态。

④ 听取有关当日问题点的报告。

⑤ 针对所反映的问题点进行处理，并将处理结果及时向员工反馈。

⑥ 计划第二日的工作：因计划变更第二日工作内容更改须告知所有组员；为第二日的工作准备材料、机器、工模、工具等。

三、班组生产的计划

企业要做好班组生产管理，必须统筹安排计划期内班组生产任务和作业进度计划，把企业、车间（工段）下达的生产任务以及临时性的生产工作有计划地分配到每一个工作地、每一个岗位和每一个班组成员，规定他们月、旬、周、日以至每小时应完成的作业任务，并按日期顺序安排生产进度。

（一）月生产计划

1.什么是月生产计划

月生产计划（表7-5）实际上是一种准备计划，它是生产部门以年度计划和订单为依据，综合企业最近生产实际后制订的。该计划一般要提前一到两个月制订，覆盖周期为一个月，内容主要包括产品的型号、批号、批量、产量、生产组别等，制订后报副总经理批准，然后发送到各相关部门执行。

月计划的目的是做好生产前准备工作，如有问题，必须事先向上级汇报。

表7-5　月生产计划

本月工作天数：　　　　　　日期：　　年　月　日　　　　共　页第　页

序号	批号	产品名称	数量	金额	制造部门	生产日期		预计出货日期	备注
						开工	完工		

2.班组长拿到月生产计划后该做什么

（1）确认与自己和班组有关的内容

当班组长接到最新的月生产计划时，首先要仔细确认与自己相关的内容，如有疑虑，用笔标出问题点后，迅速向上级报告。比如：确认计划期内有无新产品，老产品的生产量有无变化，同类型的生产班组有哪些，整个计划是否有错误之处，执行计划的责任是否明确。

（2）将计划与要求公布

如没有任何问题，签名后张贴于班组的白板上，向大家公布执行。另外，识别计划中的生产要求，着手准备"4M1E"因素所关联的需求事项。如果计划生产的产品全部都是老产品时，发布日期允许提前一个月，但如果有新产品或试产品时，则必须提前两个月。

（二）周生产计划

1.什么是周生产计划

周生产计划主要反映的是班组在一周内包括正常生产任务等其他所有重要事项，既有上周未完成的事项，也有本周要处理的问题。

该计划的目的是督促本班组的活动，以便做到按部就班地工作。

2.周生产计划的内容

① 与生产相关的工程、品质、技术、工艺等文件资料得到落实。

② 生产人员已全部到位，并接受了必要的相关培训。

③ 客户的订单被再次确认，供应商的材料也有了着落。

④ 库存与出货情况基本明了，再生产时不会造成积压。

⑤ 计划表覆盖了两周的内容，但定性的只是第一周，第二周作为参考。

⑥ 在计划发行的当天如果接收者没有提出反馈意见，将被认为接受。

3.周生产计划准备

由于周生产计划的管理期限比较短，所以对于班组来说周生产计划比月生产计划更显得实用些。班组长在做周生产计划时需要做好以下准备工作。

① 确认无误后分发给各生产小组长，让他们安排工作。

② 消除各种变异因素对计划可能产生的影响，如材料不到位、场地筹划欠妥、技术指标变更、工艺更改、机器维修、添置工具和治具等。

③ 进一步落实计划项目的执行性，非特殊情形，各种准备事项原则上应提前一天全部完成。

④ 着手准备日生产计划实施方案，向车间主任报告。

周生产计划的格式一般与月生产计划相类似，只是覆盖的生产进程只有两周而已。该计划应在上周周三前制成，并在生产协调会议商讨后发给各相关部门执行。发布后的周生产计划一般不予变更，但在有生产事故、重要客户的紧急订单等特殊原因时除外。虽然周生产计划可以沿用月生产计划的格式，但是，有些行业为了能更突出管理要点，必要时由生产部门另行设计。

____月份____周生产计划见表7-6。

表7-6　____月份____周生产计划

单位：　组　班　　　　　　　日期：　年　月　日　　　　　　制表：

机种	品名	数量	人、时 产能	计划量 实际量	一	二	三	四	五	六	日	备注

（三）日生产计划

日生产计划是生产现场唯一需要绝对执行的一种计划，它是生产现场各制造部门以周生产计划为依据给各班组做出的每日工作安排。制订的责任者是车间主任，制订方式是在生产例会上以口头形式核准周生产计划中的内容，然后再由班组长按规定格式写在各自班组的看板上。班组长在执行时应按以下要求处理。

① 计划内容是铁定的，容不得半点疑问，如完不成时要承担责任。

② 如果不能按时完成计划的数量时，则通常需要立即采取措施，如申请人员支援、提高速度、加班等。

③ 如超额完成数量，需提前向上级报告。

④ 计划中分时段规定了生产数量，以便于及时跟踪。

⑤ 该计划是班组长总结生产日报的依据。

四、班组生产的准备

班组的生产准备工作，包括工艺技术准备、人员配备准备、物资能源准备、设备工具准备等。

俗话说"磨刀不误砍柴工"。班组长在接到生产计划或者生产制造通知单后，在生产作业活动开展之前，应组织好4M1E的准备工作。4M1E是指Man（人）、Machine（机器）、Material（物料）、Method（方法），简称人、机、料、法，告诉我们工作中充分考虑人、机、物、法四个方面因素，通常还要包含1E，即Environments（环境），故合称4M1E法，也就是人们常说的"人、机、料、法、环"现场管理五大要素，如图7-4所示。

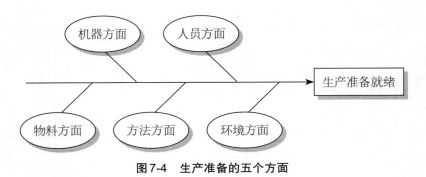

图7-4　生产准备的五个方面

（一）人员的准备

1.安排人员的原则

班组长在人员安排上一定要遵循以下原则。

① 让熟悉的人做熟悉的事，因为熟能生巧，所以就某一岗位、某一机器一定要安排操作熟练的人去做。

② 照顾新手。因为新手各方面都不熟练，所以需要给新手宽松的余地。

③ 适当满足个性。因为不同的人有不同的个性，而每个人的个性里都会有某种特质，如果能适当地加以满足，可以获得高效率的动力。

④ 充分发挥个人特长。班组长在配备人员时，要根据员工在工种、技术业务等级、熟练程度等方面的差别，分配他们到合适的岗位上去，尽量避免这一工种的工人做另一工种的工作、基本工人做辅助工人的工作、技术等级高的工人做技术等级低的工作。

⑤ 确保把"一碗水端平"。也就是注意公平、公正，不要刻意或者在无意间给某个下属"穿小鞋"。

2.掌握工位平衡

工位平衡是指流水线上的各工位完成作业所用的时间要相当，也就是说各工序的作业量要保持平衡。保持工位平衡有以下好处：生产线不会堆半成品；不会有人非常忙，有人却无所事事；不会造成漏工序；使流水线顺畅，可以完成计划。

3.有效安排生产线

班组长依据作业步骤图和现场配置图来进行排拉，排拉的做法是要制作排拉表。

（1）排拉表的作用

排拉表对生产管理起着指导作用，班组长可根据排拉表上的时间、人数、设备或工具、辅料等内容，做生产前的计划或安排，以确保生产顺畅。其具体作用表现在以下几个方面。

① 可以了解到各道生产工序的快慢和所需人数。

② 通过排拉表可以看到工序之间的前后关系，即哪个工序在前，哪个工序在后。

③ 后道工序可以检查出前道工序的错误。

④ 后道工序不会对前面加工出的产品有损害。

⑤ 可以平衡各工序的生产进度。

⑥ 可以给出合理的工作空间和时间。

⑦ 可以明确地计算出生产时间、非生产时间、检验时间。

⑧ 可以计算出每日生产能力及生产效率，并通过对比来了解和改进差距。

（2）排拉表的分类

根据生产变化情况，排位表一般可分为正常工序生产排拉表和非正常工序生产排拉表（也称加工排拉表）两类。

（3）正确认识排拉表

有些班组长认为，排拉表没有用或者与自己没有关系，因此随便乱放或根本不去看它，这都是不正确的。班组长应认真研究与领悟、理解排拉表内每个工序的要求（如人力、时间、工序名称、工夹具等重点项目的内容），做到心中有数，并以此来安排生产和了解班组的生产能力，作为改善或调整的基础。

（4）编写排拉表

编写排拉表前必须清楚以下事项：

① 每个工序生产需用的总时间／每小时产量；

② 生产线或机器最大可容人数；

③ 要求每小时的产量是多少；

④ 根据产量计算所需用的人数和设备／工具数量；

⑤ 工序生产所需用的辅助物料；

⑥ 生产性、非生产性、检验时间的划分；

⑦ 操作方法。

【实例】

　　某电器厂的生产线有10个工位，班长依据生产作业步骤和IE工程师给定的标准工时，在结合作业人员的实际状态后制作了工序排拉表，如下所示。

工序排拉表

工时单位：秒　　　　线别：A2　　　　日期：2021年2月15日

工位	标准工时	节拍工时	配置方式	配置人数	实用工时	姓名	备注
下机	25		新手	1	28	杨×	
加工	29		一般	1	29	彭×	
安装	30	45	一般	1	30	张×	
配置	40		一般	1	40	王×	
组装	42		熟手	1	39	邓×	
目检	35		熟手	1	38	徐×	
调试	86		熟手	2	各38	朱××、罗×	
检查	88	45	熟手	2	各39	李×、赵×	
组合	40		一般	1	40	杨×	
包装	35		新手	1	38	王×	

　　该生产线的班长通过上述配置，使得实际的节拍时间由标准状态的45秒减少到43秒（最大值），这样就可能增产4%。这里的排拉手法有三个特点，如下所示。

（1）分解调试、检查位，安排2个人作业。

（2）下机和包装位采用新手作业，延长了实用工时。

（3）组装、目检、调试、检查位采用熟手，降低了实用工时。

（二）设备工具的准备

1.设备的准备

生产设备是否处于良好的状态，能否正常运转，是保证完成生产作业计划的一个重要条件。

在安排作业计划时，要按照设备修理计划的规定，提前为待修设备建立在制品储备，或者将生产任务安排在其他设备上进行，以便保证设备按期检修。设备部门要按照计划规定的检修期限，提前做好检查、配件等准备工作，按期把设备检修好。班组操作人员要认真检查各项设备，使之达到整齐、清洁、安全、润滑。

2.班组工具的准备

生产前，班组首先要对工具进行管理，要做好以下工作。

① 准确编制计划。即根据班组的生产使用需要，制订班组工具需求计划，进行协调。

② 保证及时供应。即按规定手续进行工具的领用和借用。班组应有工具使用保管卡片，记录操作人员领用工具的型号、数量、名称、规格、日期，应根据工艺文件的规定，适当适量领取。对于共用工具也应建卡管理，个人使用时办借用手续，进行登记，用完后及时归还。

个人工具借用卡见表7-7。

表7-7　个人工具借用卡

编号：　　　　　　　　　　　姓名：

项次	工具名称	规格	借用数量	借用日期	预定归还日期	借用者签名	实际归还	经办者签名

（三）生产物料的准备

物（Material），指物料、半成品、配件、原料等产品用料。现在的工业产品的生产分工越来越细化，往往有几种甚至几十种配件或部件，通常要好几个部门同时运作才能准备好。物料是产品的组成部分，准备工作相当重要。

1.领料

为进行生产起见，生产班组必须按照生产计划、工作指派向物料管理部门或仓储部门领料。

（1）物料领取的方式

① 发料。发料是由物料管理部或仓储部根据生产计划，将仓库储存的物料，直接向生产现场发放。一般对于直接需求的物料采取发料方式。一般来说，计划部门在2～3天前就会将要进行的工作指派给货仓备料，而货仓在现场制造前2～4小时内必须向制造现场直接发料。

② 领料。领料是班组领料人员在某项产品制造之前，填写领料单，向仓库领取物料。

（2）领料的单据

领料过程中需要用一些单据去控制，对这些单据每个企业的称呼可能不一样，但不管怎么样，领料时都要填写规范的"领料单"，因为这不仅是领料的依据，还是进行物料控制的依据，是进行领料统计以及订单、产品的物料消耗统计的最原始凭证。填写"领料单"一定要注明所领物料的用途、订单编号等，领料的数量是否在所控制的指标之内便一目了然。

对于某一订单产品所需要领取的物料品种和数量，一定要根据物料清单上的品名、规格、数量来认真计算，尤其是对于某一订单中不同产品用的同一种类的物料，更要进行认真仔细的核算。

2.物料在现场的放置

生产现场物料的放置非常重要，如果这项工作做不好，很容易造成好物料与不良物料混在一起而影响后续加工过程中的产品质量，若同一品种不同规格的物料放在一起（尤其是规格区分不大的情况下），则容易造成混装，如将B产品的零件装到A产品上，结果生产出不良品，并导致成本难以控制等一系列问题。

（1）划分物料放置区域

为了方便物料有效地区分，在现场的物料放置区域，可划分为如表7-8所示的几块。

表7-8　现场物料放置区域的划分

序号	区域划分	说明
1	合格材料区	用来放置即将要投入生产的合格物料
2	不合格材料区	用来放置作业中发生或发现的不良品（通常需要采取隔离或封锁措施，以防误用）

续表

序号	区域划分	说明
3	辅助材料区	用来放置周转、加工等辅助工序用的物料
4	半成品放置区	用来放置或转移在制品
5	成品待检区	用来放置完成品
6	合格成品区	用来放置QA检验合格的产品（该区域可规划给仓库）

（2）按"三定"原则放置物料

物料放置的"三定"原则如图7-5所示。

定品	**定位**	**定量**
根据物料的特性确定放置环境和场所。如温度、湿度、防尘、防水、防振、防污染、防静电等	确定物料的放置体位、状态和具体位置。确保放置合理，转移环节最少和取用方便	确定存放物料的数量。配发的材料以满足半个工作日的生产用量为宜，不可太多或太少。领用的材料也应遵守这个原则

图7-5　物料放置的"三定"原则

（四）工艺和技术文件的准备

工艺和技术文件（如产品和零件的图纸、装配系统图、毛坯和零件的工艺规程、材料消耗定额和工时定额等）是计划及组织生产活动的重要依据，这些也需提前准备。

1.工艺和技术文件的种类

现场使用的工艺和技术文件的种类如表7-9所示。

表7-9　现场使用的工艺和技术文件的种类

序号	种类	内容或用途
1	工艺流程图	工艺流程图是说明产品制造与加工过程的顺序图。工艺流程图作为制作QC工程表时的基础资料使用。个别接单生产的工厂只用工艺流程图作为标准书向作业者进行说明、指导
2	图纸、部品表	图纸、部品表在进行部品加工和组装作业时，作为基准资料使用

续表

序号	种类	内容或用途
3	作业指导书	作业指导书是规定作业方法与要求的技术性文件。作业指导书中必须包括作业名、顺序、加工条件（加工方法）、材料、管理要点（含频率）、作业步骤及方法、使用设备（治工具）、适用机种、管理号、做成日、做成者印、审查印、改订栏
4	作业标准书	写明作业者进行的作业内容，起传达作业内容的指导作用
5	QC工程表	QC工程表内写有生产现场的工艺步骤及其作业内容。在保证品质、技术和对生产现场的指导、监督上发挥作用。另外，在不良品发生和工伤事故发生时，可据此探明原因以及建立对策方案
6	工厂规格	对与生产有关的各种规格作出规定，是进行各种作业时的基准资料。以下为工厂规格的种类：图纸规格、制图规格、设计规格、产品规格、材料规格、部品规格、制造作业的标准、工程规格、治工具规格、设备规格、检查规格、机器检查工具规格、包装规格、一般规格
7	BOM清单	BOM清单是产品全部构成材料的清单
8	样板	样板（Sample）是能够代表产品品质的少量实物。它或者是从整批产品中抽取出来作为对外展示模型和产品质量检测所需；或者在大批量生产前根据产品设计而先行由生产者制作、加工而成，并将生产出的样品标准作为买卖交易中商品的交付标准。样板是制造与检验标准工艺装备、生产工艺装备、零件、组合件和部件的依据
9	工程变更通知单	工程变更通知单是工程部发出来的工程变更指示书。它涵盖有工程设计、结构、原材料、作业方法、工序及生产场地等，所有涉及与生产有关的方面的变更均适用。概括地讲就是4M1E五个方面的内容凡涉及变更都要以工程变更通知书的形式反映出来

2.确保技术性文件准确

班组长在准备工艺和技术标准文件时，要确认所有的文件都是最新版本。如果不是最新版本，那么，员工制造出来的产品会达不到客户的要求，甚至有可能就是废品。在确认技术性文件时应注意如图7-6所示的要求。

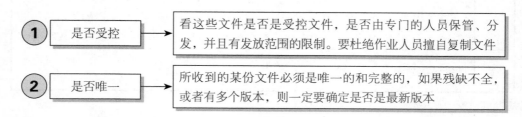

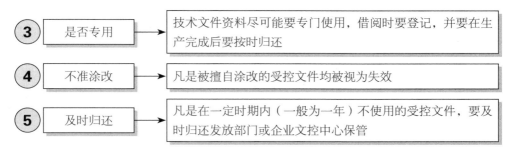

3	是否专用	技术文件资料尽可能要专门使用,借阅时要登记,并要在生产完成后要按时归还
4	不准涂改	凡是被擅自涂改的受控文件均被视为失效
5	及时归还	凡是在一定时期内(一般为一年)不使用的受控文件,要及时归还发放部门或企业文控中心保管

图7-6　确保技术性文件准确的要求

3.进行相关培训

准备好这些工艺和技术文件后,一定要组织员工进行学习,尤其是新产品、新工艺,要请相关部门如工艺部、设计部的工程师来进行指导。另外一种情况是,如果班组里有新员工,则更要加强其对作业标准的学习,以使其彻底了解。

(1)新员工教育

① 讲给新员工听:把作业方法及要领讲给他们听。

② 做给新员工看:把动作要领、步骤做给他们看。

③ 让新员工做做看:按动作要领和步骤让他们做做看。

④ 纠正后,再让新员工做做看:纠正他们的错误做法和非标准的作业,并对步骤进行再指导,直至他们做得完全正确为止。

(2)熟练员工的作业指导

有许多熟练员工在自己的作业中掺杂着许多自己的习惯动作,其中有些是不正确的,因此有必要在工作中将它们纠正过来,使其作业标准化。

(五)创造良好的生产秩序和环境

1.现场秩序管理

现场秩序包括劳动纪律、工作风气、人员面貌和素质等内容。管理的目的一方面是要确保作业人员能够按企业的规定从事工作;另一方面要促使员工积极、主动地维护这种秩序。现场秩序管理包括以下内容。

① 彻底地执行5S,因为在执行5S的过程中,自然会产生遵守生产秩序的氛围。同时,也确立了维持秩序的基础。

② 教导员工遵章守纪:没有迟到、旷工等现象,人人都能服从管理。

③ 精神状态良好:没有萎靡不振的员工。

④ 自觉行动:员工能自觉地参与各种准备活动。

⑤ 维护公共秩序:确保自己的行为符合规范和要求,不会妨碍他人。

⑥ 学习和掌握工作要点：对于新产品、新技术加强训练，使作业人员能熟知重点作业内容。

2.倡导自主管理

所谓自主管理就是要求员工以自己管理自己的心态处理工作事项，并及时报告发现的异常，主动采取措施处理，而不是等待管理者来催促。班组长从工作一开始就要帮助员工树立这种思想，以确保形成良好风气。

3.现场环境管理

现场环境包括现场的温度、湿度、污染、噪声和安全等内容。管理的目的就是一方面要确保员工能够在生产现场愉快地工作；另一方面对于产品和设备而言也要符合具体要求。通常需要准备的内容如下。

① 点检各种环境指标检测器具的有效性，并记录显示的数据。

② 当发现有不符合的情况时，要及时采取措施处理，并确认处理结果。

（六）4M1E准备的检查

班组生产准备工作比较繁杂，须运用一些工具来做跟进，否则有可能会错漏一些工作。现介绍两种在企业实际中运用较为广泛的表单（表7-10和表7-11）。

表7-10 生产准备检查

产品编号		名称		生产日期	
类别	确认项目		确认资料	资料来源	检查结果

表7-11 生产准备情况调查

产品名称：　　　　　订单号：　　　　　批量：　　　　　生产日期：

准备项目	具体内容	进行状况	确认
技术文件			
原材料与外协件			
机器设备检修			
工艺装备准备			
人员准备			

五、班组生产的控制

（一）生产作业分配

生产作业是用派工指令方式把每周、每日、每个轮班以至每个小时各个工作岗位的生产任务进行具体安排，并检查各项生产准备工作，保证班组按生产作业计划进行生产。

1.生产派工方法

根据各企业的生产类型不同，其班组生产派工的方法也有所不同，具体如下。

（1）标准派工法

大量生产的班组，每个岗位和工人固定完成一道或少数几道工序，在这种条件下，生产作业派工可采用标准计划或标准工作指示图表来进行。标准计划是把各工作岗位的加工工序、加工顺序、日产量、工人工作安排等都制成标准，固定下来，工人每天按照标准计划进行工作，不必经常分配任务。当每月的产量有变动时，只需要调整标准计划中的日产量即可。

（2）定期派工法

定期派工法适用于成批生产。根据月生产作业计划，定期为每个工作地分派工作任务。生产作业派工时，要考虑保证生产进度，充分利用设备能力，同时要编制零件加工进度计划和设备负荷计划。派工时还要区别轻重缓急，保证关键零件的加工进度和关键设备负荷饱满度，分派给每个工作地和工人的任务能符合设备的特点和工人的生产技术水平。

（3）临时派工法

临时派工法适用于单件小批生产。在单件小批生产条件下，生产任务杂且数量不定，各工作地担负的工序和加工零件品种多、数量少，所以一般都采用临时派工法。控制生产进度，也主要靠临时派工来调整班组中人力和设备的使用。

这种方法是根据生产任务和生产准备工作的实际状况，根据班组的实际负荷状况，随时把需要完成的生产任务下达到各个工作地。分配任务时一般都采用任务分配箱作为派工的工具。该箱为每个工作地设三个空格，分别存放已指定、已准备、已完工的生产任务单。当工作地被指定完成一项新任务、正在进行准备工作时，任务单放在"已指定"一格。当工作地完成作业准备工作、开始加工时，将任务单从"已指定"一格取出，放入"已准备"一格。当工作完成作业后，将任务单从"已准备"一格取出，放入"已完工"一格。利用任务分配箱可以帮助计划调度员和班组长随时掌握各工作地任务分配情况、准备情况及工作进度。

（4）轮换派工法

班组中有一些劳动条件比较恶劣的工作岗位，还有一些岗位使班组成员身体的某些部位高度紧张，容易造成疲劳。当班组成员的疲劳和不适接近或达到生理承受极限时，其情绪则会不稳定，从而影响生产效率和产品品质。所以对从事这些岗位的班组成员，可以实行轮换派工法，在每个轮班内，一半时间在该岗位工作，一半时间换到其他岗位工作，以减少和消除班组成员过度疲劳和不适感，使他们保持情绪稳定。

2.做好加工作业分配

（1）加工作业的特点和分派方法

加工作业通常具有下列特点：作业场所在生产线外；作业时间有一定的提前性；作业量仅在日生产计划中有所反映；作业人员一般都是排拉后的富余人员；作业位置不一定能固定。鉴于上述情况，班组长有必要灵活地管理加工作业，在具体分派时应遵守下列方法。

① 一定要设置必要的提前期，确保不耽误正常作业。

② 选择位置时应注重方便、就近的原则，减少重复搬运。

③ 加工作业的量可以依据平时生产经验灵活增减。

④ 班组富余人员数量的多与少也可以作为灵活调节的依据。

（2）加工作业安排应注意的问题

班组长安排加工作业时要注意加工位置、加工流程、加工时间、加工数量这四个问题。其中，后两个问题取决于生产计划，不是管理的重点；前两个问题具有很多可变因素，是实施管理的重点。

（二）进行巡查以掌握生产进度

班组长要从产品一上线就进行巡查。每一款产品刚上生产线或刚进行开料时，要及时进行跟踪巡查，主要有两方面原因。

① 从开料时进行跟进，零部件少，便于认识产品，若中途才去巡查，生产已经在各工序全面铺开，在制品及零部件较多，很难辨认。

② 便于准确跟踪进度，因为从产品一上线就注意对各个环节进行巡查，有利于全面把握生产进程，及时发现问题。

（三）及时处理生产异常

生产异常是指因订单变更，交货期变更（提前）及制造异常、机械故障等因素造成产品品质、数量、交货期脱离原定计划等现象。生产异常在生产作业活动中是比较常见的，班组长作为现场管理人员，应及时掌握异常状况，适当适时采取相应对策，以确保生产任务的完成，满足客户交货期的要求。

1.生产异常产生原因

① 计划异常，即因生产计划临时变更或安排失误等导致的异常。

② 物料异常，即因物料供应不及时（断料）、物料品质问题等导致的异常。

③ 设备异常，即因设备、工装不足等原因而导致的异常。

④ 品质异常，即因制程中出现了品质问题而导致的异常，也称制程异常。

⑤ 产品异常，即因产品设计或其他技术问题而导致的异常，也称机种异常。

2. 生产异常的判定

① 根据企业异常情况及时呈报机制，即在生产活动中，遇有异常应及时做出反应。

② 通过"生产进度跟踪表"对生产实绩与计划产量对比以了解异常。

③ 设定异常水准以判断是否异常。

④ 运用看板管理以迅速获得异常信息。

⑤ 设计异常表单，如"生产异常报告单""品质异常报告单""物料异常分析表"，以利异常报告机制运作。

⑥ 会议讨论，以使异常问题凸显。

3. 生产异常反应

① 订单内容不明确或订单内容变更应及时反映或修正。

② 交货期安排或排程异常应以联络单等及时反映给销售或生产管理部门。

③ 生产指令变更（数量、日期等）应以生产变更通知单及时提出修正。

④ 生产中的异常已影响品质、产量或直通时，应立即发出异常报告。

⑤ 其他异常，如故障、待料等，可能造成不良后果时，应立即发出生产异常报告。

生产异常报告单见表7-12。

表7-12　生产异常报告单

生产批号		生产产品			异常发生部门	
发生日期		起讫时间		自　时　分至　时　分		
异常描述				异常数量		
停工人数		影响度			异常工时	
紧急对策						
填表单位	主管：　　　　审核：　　　　填表：					
责任单位分析对策						
责任单位	主管：　　　　　　审核：　　　　　　填表：					
会签						

（四）紧急生产任务的安排

紧急生产任务是指那些需要打破常规生产计划的节拍，先行制造，急于出货的产品生产。

1.紧急生产任务的特点

① 出货时间一般没有确定，但越快越好，交货期限紧迫，超出正常的作业允许时间。

② 紧急生产任务在形式上暂时打乱了正常的生产秩序，由于生产任务来得突然，各种生产准备不一定就绪，如缺工具、夹具等；出货紧急，没有太多的回旋时间处理争议问题；生产、检验、试验和实验的步骤需要加快，甚至部分省略；也可能成品不需入库就发货。

2.紧急生产任务的应对

当遇有紧急生产任务时，班组长一定要配合上级领导全力安排完成，不得有与己无关的思想。一般可通过以下方式来安排生产。

① 识别具体的紧急程度（顾及客户指数），区别处理。

② 急事急办，派专人迅速准备"4M1E"事项。

③ 实行简易方式转产，冻结或清理原有生产过程。

④ 指派得力的小组长直接跟踪实施过程。

⑤ 与手头上不那么紧急的产品调换生产，可以选择加班完成。

⑥ 预计需要的完成时间，实际完成后立即向领导报告。

（五）计划延误的处理

在企业日常生产中，难免会出现任务不能完成的情况。例如，当机器设备发生临时故障时，就会出现生产速度下降或停顿的现象；当材料供应欠及时时，就会出现因品质欠佳而不能完成任务的现象；当人员不稳定时，就会出现作业效率下降的现象；当制程发生异常工艺问题时，就会出现产品直通率降低、不合格产品率增加的现象。这些问题的发生，都可能导致生产任务难以完成。不管是什么原因，班组长都应冷静分析原因，认真采取应对措施。

1.查出并公布延误

（1）记录并总结延误情况

当生产班组每日的工作结束后，班组长要总结一天的工作情况，以了解是否有延误情况发生。例如：生产数量没有按计划完成，比原计划延误了50件，或者还有其他什么延误，总之要将所有的延误记录下来。

（2）上报并向组员通报

延误较为严重（影响交货期、品质等）的一定要报告领导，求得具体指示，同时也一定要在次日的早会上通报，告知每一个员工昨天出现的延误情况，引起大家的注意并指出改善的方法。这样的话，员工会感觉到事情的严重性，工作时也会格外注意，有意识地加以改善。

2.分析延误的原因

出现延误一定会有各种各样的原因，对这些延误的原因，生产现场的班组长、管理者们是不难分析出来的，因为这些都发生在自己工作的周围，只要工作时稍加留意就很容易知道发生的原因（比如：停电、工具故障修理、新员工作业等）。

如果真的找不到原因，也不能应对领导和员工，可以向领导报告，共同讨论（或开会讨论），也可告知员工"因为原因不明，大家可以在哪几个方面注意，如果大家有好的方案也可提出"。这样则很可能使一些不明原因的延误，在员工中间得以解决。

3.延误改善方法效果确认

当查明原因后，通常好的解决改善方法也就出来了。但为了杜绝此类延误的再度发生，应进行效果确认。许多人很多时候只注意查找原因，实施解决改善方法，但经常忽略对效果好坏的总结。其实，应总结出哪些方法效果好，哪些方法是失败的；对好的、正确的方法一定要记入基准书、作业指导书或注意事项等相关文件中去。只有这样才能使改善的结果恒久地延续下去，再出现此类问题时才不会重蹈覆辙。

4.补救计划

改善方法以及对策方案出来后，要做成补救计划。所谓补救计划，应该是在工作时间内完成补救生产的计划，而不是那种累计起来集中到某一休息日（星期天）进行加班生产来达到补救生产的目的的计划（表7-13）。现以生产数量延误100件为例如下所示。

表7-13　补救计划　　　　　　　　　　　　单位：件

品名	日期	22号	23号	24号	25号	26号	27号	28号	29号	30号	备注
××电子零器件	日生产计划	800	800	800	800	星期天	800	800			
	补救	20	20	20	20		20				
	日实累计	816	818	820	822		816	808			
	差异累计	-4	-6	-6	-4		-8	0			

① 当产量的欠缺数量小于日计划的25%，且不存在阻碍生产的直接因素时，班组长应安排加班完成生产任务。

② 当加班容易导致员工疲惫时，班组长应向领导提出申请，寻求支援。

③ 对于欠缺数量较大和仍然存在一些阻碍生产的因素时，班组长应报生产管理部门安排临时计划完成。

④ 加班或制订临时计划仍不能解决问题的，班组长应通报生管部申请修订周生产计划。

（六）生产日报——了解计划的完成情况

生产日报的用途，在于使生产主管及高层领导能够了解生产进度，发现生产异常，并能依此做出适当反应处理。班组常用的日报表有两种：其一，个人日报表或作业日报表，主要以个人为单位报告工作进行状况；其二，组别/部门别日报表，以部门为单位报告工作进行状况。生产日报表至少要体现如下内容。

① 产量：以能了解生产进度。

② 工时：以能了解实际工时的耗用。

③ 效率：以能运用绩效管理提高工效。

④ 成本方面必需的基础资料：以能准确核算成本。

对于生产日报，每个公司都有自己的固定格式与栏目，作为班组长必须认真地对各个栏目进行填写。以下提供两个样本供参考（表7-14和表7-15）。

表7-14　生产日报

上报部门：　　　　上报责任人：　　　　年　月　日

序号	产品名称	型号规格	计量单位	产量			实际产量			耗用工时		材料消耗			备注
				计划	实际	计划完成/%	合格品	次品	废品	定额	实际	A料	B料	其他	
生产总人数				日期			小时			加班		小时			

表7-15　班组生产统计日报

班　　　　　　　　　　　　　　　年　月　日

产品品种	计划产量	生产数		返工合格	回收数	废品数			生产工时	停工工时					辅助工时			
		毛	净			主观原因	客观原因	总		动力	设备	材料	制品	无任务				总

待加工在制品转移				已加工在制品转移			实有人数：　　　　　实做人数：								
							缺勤人数：								
产品品种	上班结存	本班领料	本班结存	上班结存	交下工序	本班结存	假别＼姓名	病	事	产	丧	婚	公	探亲	工伤	迟到

生产情况摘要	

班长：　　　　　　　　　　　　　　　统计制表：

六、班组生产现场细节

（一）关注工程更改

1.工程更改内容

工程更改是指在产品制造过程中有目的地改变机器、材料、方法和环境等方面的状态或指标的行为，实施工程更改的目的是改善制造工艺，更好地满足生产的需要。有工程更改情形发生时，一定要使用"工程更改通知书"。工程更改常见的内容主要有以下几个方面，具体如图7-7所示。

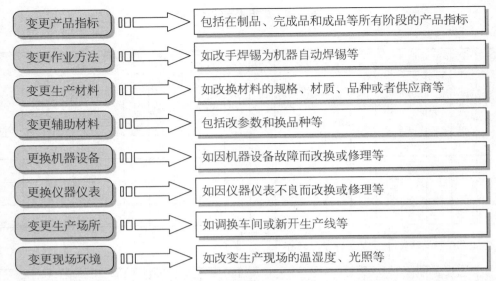

变更产品指标	包括在制品、完成品和成品等所有阶段的产品指标
变更作业方法	如改手焊锡为机器自动焊锡等
变更生产材料	如改换材料的规格、材质、品种或者供应商等
变更辅助材料	包括改参数和换品种等
更换机器设备	如因机器设备故障而改换或修理等
更换仪器仪表	如因仪器仪表不良而改换或修理等
变更生产场所	如调换车间或新开生产线等
变更现场环境	如改变生产现场的温湿度、光照等

图7-7　工程变更的八大内容

2.工程更改步骤

（1）工程部发出"工程更改通知书"

工程更改是令现场最头痛的问题之一，发生工程更改时工程部会发"工程更改通知书"到各相关部门，如表7-16所示，如果条件许可他们会及时修改相关的技术文件（如作业指导书），并一同发出；但如果情况不允许，他们通常会先发"工程更改通知书"，稍后再发修订好的关联技术文件。

表7-16　工程更改通知书

产品型号：　　　　　　　　　　生产批号：　　　　　　　　　　文件编号：

更改描述：	
送： A.生产副总经理：　　　　　　D.质管部： B.生产部：　　　　　　　　　E.物料部： C.维修部：　　　　　　　　　F.采购部：	拟制：　　　　　　　　日期： 审核：　　　　　　　　日期： 批准：　　　　　　　　日期：

（2）现场接收并紧盯更改内容

当现场接收到"工程更改通知书"时，班组长应紧紧盯住相关的变更事项内容，

密切观察变更实施后的结果，做到对变更内容心中有数和有效控制，并掌握第一手资料数据。具体的操作包括以下几点内容。

① 记录更改的实施日期、时间，必要时记录需要变更的产品号码。

② 重点关注与更改内容密切关联的工序，掌握变更结果。

③ 详细确认实施变更后的第一批产品（一般是3～20件），找出可能发生的问题。

④ 把变更结果报告给上级领导，如表7-17所示。

表7-17　变更结果确认书

实施日期：　　　　　　　实施时间：　　　　　　　确认书编号：

产品代号		生产班组：		责任人：
序号	项目规格	数量	确认结果	备注
批量判定		合/否	判定人（班长以上）：	

（二）掌握好生产速度

1.速度的测试

速度是一组直观的数据，对于企业生产来说，生产速度主要表现在流水线和机器加工的作业中。一般掌握和控制生产速度的直接责任人是管控现场的班组长，其他人员都无权调节。对于流水线的转动速度，可以用秒表加米尺的方法测量获得，具体步骤如图7-8所示。

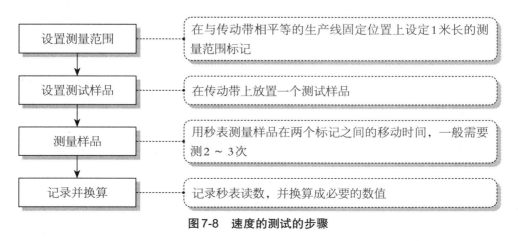

图7-8　速度的测试的步骤

2.速度的控制

通过测量得知的生产速度，需要班组长在实际工作中进行调节和控制，以便完成产量，满足计划的要求。班组长可通过以下途径来控制速度，如图7-9所示。

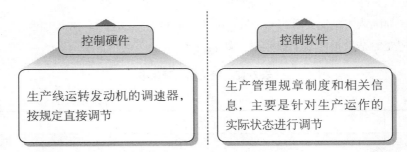

图7-9　生产速度控制的两大途径

3.适时调节生产节拍

调节生产节拍主要表现在离散型企业的制造过程中。一般掌握和控制生产节拍的直接责任人是生产现场的高级主管，班组长应该属于推动者或执行者。就整个生产过程而言，节拍可以用下面的方法来操控。

① 节拍要因生产形势而变，生产任务急或生产士气高时宜变快；反之，应变慢。

② 在欲变快前，应先造一点儿声势，以便达到加油和鼓励的目的。

（三）特殊工序特别关照

1.特殊工序的概念

特殊工序是指那些在制造过程中担当特殊特性操作的工位。特殊特性是指产品在制造过程中显得比较关键或特别的某些具体指标，通常包括产品特殊特性（比较特殊或关键的与产品指标及其零件有关联的特性）和过程特殊特性（比较特殊或关键的工程技术参数）。以下工序属于特殊工序。

① 其结果不能通过后续的检验和试验来验证是否符合要求的工序。

② 其结果的缺陷仅在后续的过程乃至在产品使用后才显露出来。

③ 不易测量、检验或不能经济地测量的工序，如需实施破坏性测试或昂贵的测试才能获得证实的工序。

2.特殊工序的管理办法

特殊工序的管理办法有两种。

（1）连续进行监控

实施连续监控的目的是保障该工序的操作过程符合标准，结果符合要求；通常实施连续监控的方法主要有以下几种。

① 利用仪器全程显示生产过程中的各种指标，如温度、速度、电压和电流等。

② 自动探测或直接显示产品的规格。

③ 设置工位，100%检验从这些工序生产出来的产品。

④ 对该工序中的特别特性项目实施SPC（统计制程管理）管理。

⑤ 遇到该工序及其相关项目出现问题时应优先处理。

（2）交由授予资格的人员完成

资格人员就是企业特许的授权人员，把工序交给有资格的人员完成是因为这些人往往具有某些技能专长和经验，能够把工序做到位并确保结果符合要求。一般来说，一个新手经过实习期、独立期学习与实践，到自主期、操作技能达到娴熟的时候，可授予相应的资格。

　　资格管理就是对授予资格的过程进行管理和控制，以确保资格人员的有效性。实际的操作是把现场那些操作手法娴熟的人员按规定确认其业务技术技能，通过考核、评定、鉴定级别，然后授予相应资格，并发给他们资格证。

（四）产品切换要盯紧

在多品种、少量生产型企业中，生产线每天可能要进行几次（多的甚至是十几次）的产品切换，即当某一个产品产量完成时需要转换另一个产品的生产，这就是生产中常说的"换拉"，也叫产品切换（换模）。

1.产品切换的内容

在进行产品切换时，不仅会切换产品间零件的不同部分，还包括不同产品的生产条件和规格，比如装配方法、检验规格以及生产用的各种夹具、计量仪器等。

2.产品切换的方法

（1）休克转换法

休克转换法是先将此产品使用的全部物料、半成品及不适合另一种产品的用具（工模夹具）清除，再投入另一种产品的有关材料及工模夹具后，再开始生产。所谓休克就是使生产线保持片刻的空载，停顿一定的生产时间，确保两种产品之间具有适当的间歇和隔离，以免物料发生混淆。

该方法适用于生产产品比较复杂、生产管理水平一般的企业。其优点是物品分明、账目清楚，不会发生混乱，但缺点是耗时长、浪费大。

（2）循环转换法

循环转换法是在不清理生产线的情况下，直接投入所要转换产品的各种物料及工具进行生产的方法。其特点是：

① 不中断生产；

② 被转换产品跟着之前生产的产品下机；

③ 被转换的物料采用不同颜色的器皿放置；

④ 在产品转换完成后撤走之前生产的产品所用的各种物料及工具。

该方法适合于生产管理水准较高的企业，因为在不清理生产线的情况下两种产品混流要求具有很高的识别性。

（3）混合生产转换法

混合生产转换法是利用产品混合投入生产线的方式进行转换，如图7-10所示，两种产品同时下拉，循环方式下机和生产。

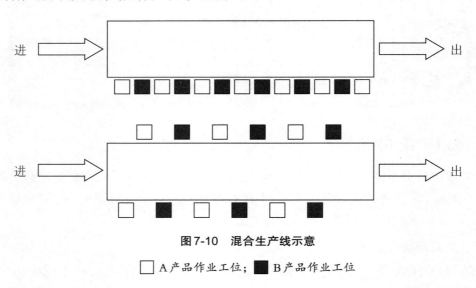

图7-10　混合生产线示意

□A产品作业工位；　■B产品作业工位

混合生产转换法适合于多品种、小批量生产，是一种比较先进和高效率的生产方式。

3.产品切换的基础工作

① 班组长提前确认当天的生产计划，如果计划当天必须生产两个以上的产品时，则需要进行产品切换。

② 根据企业的"产品间差异一览表"（如表7-18所示，如果企业没有，最好自己将之总结出来），明确各个岗位（工段）的产品相异情况，在切换产品时加以对照。

表7-18　产品间差异一览表

产品名	零件差异		用具差异		生产检验条件差异	
	通用	差异	通用	差异	通用	差异
A						
B						
C						
D						

4.产品切换的确认顺序

（1）切换前的准备

① 将生产计划明示在班组园地的看板上，提醒各工段的班组长产品切换的型号、次数。

② 根据生产计划准备好当日产品的"产品检查表"，确定组装序号，并将"产品切换卡"填好随检查表放置在一起，如图7-11所示，提醒第一道工序的作业者产品切换的时间点。班组长确认切换准备工作完成后，在"产品切换卡"上签名，并移交给第一道工序的作业者，第一位作业者确认明确自己需要切换的内容后实施产品切换，以此类推至最后的一道工序。"产品切换卡"要做两份，第一份贴在前产品的最后一件产品上，第二份贴于被切换产品的第一件产品上。

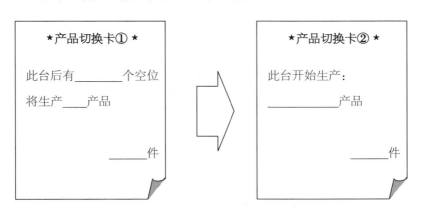

图7-11　产品切换卡

（2）物料配送确认

① 在物料仓库配送区揭示板上查看当日的生产计划及生产顺序。

② 物料配送人员按生产顺序更换及确认物料编号是否正确、实物是否与外箱一致、将上一产品剩余的物料放到待返物料放置区。

③ 将"产品切换卡"贴在制品板上，顺序地传给下一工序确认。

（3）组装线确认

① 上一批产品生产完成后投放空位时，根据"产品间差异一览表"确认本工位的物料（产品差异的物料种类、数量、检验条件）。当发现差异物料没有更换或更换不正确时，应立即联络物料配送人员或相关区域的班组长。

② 确认正确无误后在"产品切换卡"上签名，将产品切换卡贴在产品上，给下一工序确认。

（4）产品检验工段确认

① 在投放空位（空板）的时候，确认下一产品使用的物料是否已正确切换。

② 检查用具的切换。

③ 包装品差异的切换（商品标志、安全标志、说明书等）。

④ 确认无误后在"产品切换卡"上签名，将"产品切换卡"贴在产品上，给下一工序确认。

（5）确认下线产品物料

① 产品切换后，下线产品未用物料由班组长按下线产品件数预留，放在规定的位置。

② 若下线产品修理需更换零部件时，联络物料配送人员或班组长，办理领用登记后方可拿走。

（6）剩余物料处置

① 上批使用剩余的物料撤下后放在规定的待返物料放置区，摆放整齐，必须是一个箱子里只放同一种物料，并在物料箱外侧贴上物料编号、使用产品名称和剩余数量。

② 超过7个工作日不生产的剩余物料必须返回仓库，便于统一管理，防止误用。

（7）产品切换确认卡的使用

① 产品切换时各区域各工位必须按规定确认并签名。

② 各工段班组长确认后在确认者后空格内画"√"，并确认产品切换后前三件产品。

③ 产品切换卡随产品流到包装这一最后工位，由外包装线班组长将此卡收好（按工段发行时，则由各工段的班组长将此表收起），并确认各区域、各工位的确认者有无签名，确认无误后签名，交上司审核、批准。

（五）及时发现生产异常并正确处理

1.生产异常及异常的发现

生产异常就是生产过程中发生的各种问题和不正常现象。异常起初有可能很小，如果及时控制的话一般都能化解。但如果未及时发现或控制不力，则可能扩大，严重时甚至酿成事故。班组长实施生产过程管理的主要目的就是消除异常，确保生产过程稳定，并在稳定的基础上寻求改善机会。发现异常主要靠经验，所以，班组长日常工作中就应注意总结经验。通常而言，班组长可通过如图7-12所示的途径获得经验。

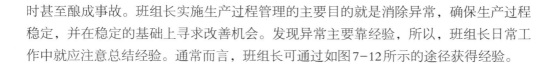

1　每天进行工作总结，并每月汇总一次，提炼出精华

2　善于发现员工们的亮点，及时总结并推广

3　树立工作中的参照标准，定期观摩、学习和对照

4　慎重对待领导的各种指示，并反复地体会和理解

5　借助管理工具，例如控制图、趋势图等，通过对这些图表进行科学分析，找出工作中的异常兆头

图7-12　获得经验的途径

2.异常情况发生的处理原则

（1）临时问题临时解决

临时问题指的是在一段时间内存在，而另一段时间内有可能会自动消失的问题。当出现临时问题时，班组长一定要掌握实施更改的时效。

（2）突发事件果断处理

突发事件指的是突然发生影响生产秩序正常进行的事件。由于生产现场人多事杂，突然发生一些意想不到的事情在所难免，这就需要班组长沉着冷静，果断做出决定，稳住局面，并把负面影响降到最低。

当突发事件发生时，班组长应该按如图7-13所列要求进行处理。

1　第一时间赶到事发现场，挺身而出，指挥大家采取紧急应对措施，首先稳住现场局面

2　及时通知事件的责任部门和关联部门，全力配合管理者分析事发原因

3　果断采取措施，解决问题，落实责任，验证采取措施的结果，并积极寻找预防和控制的方法

图7-13　突发事件处理的处理要求

（3）重大问题第一时间解决

所谓重大问题指的是问题属性比较严重，影响面比较大的事件。对于重大危害性事件，如果不及时处理的话后果可能会更严重。所以，班组长一定要在第一时间内处理它们。而且不管处理结果如何，都要把具体的处理措施和最新状况向上级领导报告，听候领导指示。

（六）特殊情况特殊处理

1.任务不能完成时

（1）任务不能完成的原因

在企业日常生产中，难免会出现任务不能完成的情况。例如，当机器设备发生临时故障时，就会出现生产速度下降或停顿的现象；当材料供应不及时，就会出现因品质欠佳而不能完成任务的现象；当人员不稳定时，就会出现作业效率下降的现象；当制程发生异常工艺问题时，就会出现产品直通率下降、不合格率上升的现象。这些问题的发生，都可能导致生产任务难以完成。

（2）任务不能完成时的处理方法

不管是什么原因造成生产任务未能完成，班组长都应冷静分析原因，认真采取应对措施。具体处理方法如图7-14所示。

1 当产量的欠缺数量小于日计划的25%，且不存在阻碍生产的直接因素时，班组长应安排加班完成生产任务

2 当加班容易导致员工疲惫时，班组长应向领导提出申请，寻求支援

3 对于欠缺数量较大和仍然存在一些阻碍生产的因素时，班组长应报生产管理部门安排临时计划

4 加班或制订临时计划仍不能解决问题的，班组长应通报生产管理部门申请修订周生产计划

图7-14　任务不能完成时的处理方法

2.出现紧急生产任务时

（1）何谓紧急生产任务

紧急生产任务泛指那些需要打破常规生产计划节拍，先行制造，急于出货的产品生产。通常而言，紧急生产任务在形式上暂时打乱了正常的生产秩序，由于来得突

然，会出现生产准备不充分的情况，如缺工具、模具、夹具等，而由于出货紧急，没有太多的回旋时间处理争议问题，此时生产、检验和试验的步骤需要加快，甚至部分省略。

（2）出现紧急生产任务时的处理方法

当遇有紧急生产任务时，班组长可按如图7-15所示的方法进行处理。

1	识别具体的紧急程度（顾及客户指数），区别处理
2	急事急办，派专人迅速准备"4M1E"事项
3	实行简易方式转产，冻结或清理原有生产过程
4	指派得力的小组长直接跟踪实施过程
5	与手头上不紧急的产品调换生产，可以选择加班完成
6	预算需要完成的时间，实际完成后立即向领导报告

图7-15　遇有紧急生产任务时的处理方法

第八章

班组生产质量管理

导　读

　　班组是企业产品的直接生产单位，是产品质量的直接监控者。班组生产工作开展得好坏，直接影响产品质量的优劣，而产品质量的优劣，决定着企业的竞争能力和经济效益，决定着企业的生存和发展。因此，抓好班组产品的质量，是企业在日益激烈的市场竞争中立足的关键点。

学习目标

　　1.了解班组质量管理的任务与责任，从思想观念上，树立产品质量是制造出来的意识。

　　2.了解影响班组产品质量的原因，掌握质量管理的对策。

　　3.掌握并灵活运用产品制造过程中质量控制的各种方法，使产品质量在生产中得到有效控制。

　　4.了解班组质量改善的活动，掌握各项活动的操作方法、步骤与要求。

学习指引

序号	学习内容	时间安排	期望目标	未达目标的改善
1	班组质量管理任务与责任			
2	影响班组产品质量的原因与对策			
3	生产过程的质量控制			
4	班组质量改善活动			

一、班组质量管理任务与责任

（一）班组质量管理任务

班组质量管理的重点是生产现场的产品制造质量。班组质量管理的任务如下。

① 实现产品的符合性质量，使加工制造对象达到标准及图纸、工艺的要求。

② 使生产现场影响产品质量的主导因素处于受控状态，最大限度地减少废、次品的产生。

③ 将生产制造过程中的质量问题及时反馈，为设计、工艺的改进提供依据。

（二）班组质量管理责任

班组质量责任制是质量管理制度的核心，它是对班组每一个成员在质量工作中的具体任务、责任、权力所做的规定。

班组的质量管理责任，分为班组长的质量管理责任和员工的质量管理责任两类。

1.班组长的质量管理责任

① 坚持"质量第一"的方针，对本班组成员进行质量管理教育，认真贯彻执行质量制度和各项技术规定。

② 组织好自检、互检活动，严禁弄虚作假行为，开好班组质量分析会，充分发挥班组长质量管理的带头作用。

③ 严格执行工艺和技术操作规程，建立班组成员的质量责任制，重点抓好影响产品质量关键岗位的工作质量，保证质量指标的完成。

④ 组织文明有序的生产，保证质量指标的完成。

⑤ 组织本班组参加技术学习，针对影响质量的关键因素，给予合理化建议，积极推广新工艺，开展新技术交流和技术协作，帮助班组成员练好基本功，提高员工技术水平，进而提高自身的质量管理水平。

⑥ 组织班组员工对质量事故进行分析，找出原因，提出改进办法，具体如图8-1所示。

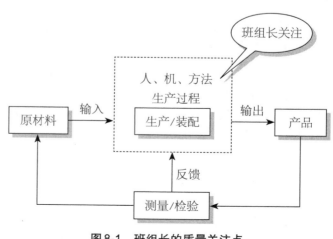

图8-1　班组长的质量关注点

2.班组成员的质量管理责任

① 要牢固树立"质量第一"的管理思想，精益求精，做到好中求多，好中求快，好中求省。

② 要积极参加技术学习，做到"四懂"：懂产品质量要求、懂工艺技术、懂设备性能、懂检验方法。

③ 严格遵守操作规程，对本班组的设备、仪器、仪表做到合理使用，精心维护，经常保持良好的精神状态。

④ 认真做好自检与互检，勤检查，及时发现问题，及时通知下一个岗位，做到人人把好质量关。

二、影响班组产品质量的原因与对策

（一）影响班组产品质量的主要原因

生产的连续性，决定了一个班组不可能独立完成产品的全部生产过程，只能完成其中一部分生产指标或完成为了达到某一个质量指标而进行的指标控制，而一个班组负责的部分生产指标的完成状态，或某个质量技术指标控制的好坏，将直接影响下道工序或整个产品质量的优劣，这就说明班组的工作质量是产品质量的基础。因此，班组产品质量的主要环节和存在的问题，也集中反映在工作质量上，即操作波动和质量分析检查。

1.操作波动

生产波动一般分为正常波动和异常波动。正常波动一般由原料质量差异、设备磨损、操作调节微小变化、工艺指标控制范围的正常变动等因素引起，对产品质量影响不大；异常波动一般由操作不按规程进行、工艺监控不严、设备带病运转、温控测速不准、原料不符合质量标准等因素引起，对产品质量影响较大。

影响班组生产异常波动的主要原因是操作波动。操作波动是指操作过程中发生的各种异常操作因素。影响班组生产质量的主要因素是人、设备、工艺、材料、环境，只有切实有效地把这五个因素控制起来，及时消除异常波动，才能生产出优质的产品。而这五个因素中最主要的因素是人，因为班组生产是靠人监控的，监控者的工作质量直接影响最终的产品质量。

产生操作波动的主要原因如下。

① 责任心不强，没有做到勤观察、勤调节。

② 执行工艺和操作规程不严，操作失误多。

③ 技术人员素质低，既不会分析又不会处理。

④ 设备维护保养差，设备带病运转。

⑤ 上下工序协调配合差，生产不稳定。

这五点是导致操作波动的主要原因，只有把造成操作波动的问题解决好，把影响产品质量的"五个原因"控制起来，才能确保生产的稳定，提高产品质量。

2.质量分析检查

质量分析检查不严也是影响产品质量的主要原因之一。质量检查是指导班组生产的"眼睛"。班组产品质量分析大致分为：

① 对生产过程分析把关，指导操作；

② 对半成品、成品分析检查，把好产品出厂关；

③ 通过分析检查，收集整理数据，发现关键所在，进行因果分析，为进一步提高质量采取技术组织措施，确保生产始终保持最佳状态。

（二）班组提高产品质量的对策

1.强化质量意识教育

强化质量意识是抓好班组产品质量的思想基础，进行质量意识教育要做好以下两点。

① 教育班组成员牢固树立"质量第一"的思想，懂得产品质量是关系企业前途命运的大问题。优质产品能使企业兴旺发达，劣质产品会使企业亏损甚至倒闭。作为企业的主人，物质产品的直接生产者，要有企业光荣我光荣，企业受益我受益，我与企业共命运的高度主人翁责任感，以一流的工作质量，为社会生产出优质产品。

② 教育班组成员懂得产品质量优劣与生产数量、发展速度、经济效益等的密切关系，没有产品的高质量，就谈不上生产的高速度，优质才能有效地增产，从而增加效益。产品质量低劣，是生产中最大的浪费，要克服那种只重视产量而忽视质量的错误思想。

2.严抓平稳操作

平稳操作是提高产品质量的关键环节。平稳操作就是要稳定工艺，要注意如图8-2所示的三点。

措施一 ▷ **抓好交接班**

> 交接班是了解上一班生产、工艺、质量、安全、设备运行及遗留问题等的过程，对于稳定下一班生产工艺和质量至关重要，要严格按交接班要求进行交接

图8-2

措施二 ▷ **严格执行操作规程**

要求班组成员能熟练掌握技术规程的主要内容，如工艺操作法、工艺条件、工艺参数、安全技术要求等，确保严格按照技术规程进行操作，特殊情况听从班组长或上级指示进行调整

措施三 ▷ **开展岗位练兵，提高技术素质**

以练基本动作、基本技能和学习基本理论为主，紧密结合生产实际进行实际训练，通过岗位练兵活动，不断提高班组成员的技术水平，增强岗位实际操作本领，从而在生产过程中与生产工具实现最佳结合，达到优化生产、提高劳动效率的目的

图8-2 严抓平稳操作的措施

3. 广泛开展QC小组活动

QC小组是群众性的质量攻关活动，是全员参与质量管理的好形式，班组要在生产过程中充分发挥班组成员的聪明才智，开展好此项活动。组织攻关，小革新、小改革和开展合理化建议活动，解决班组产品质量存在的疑难问题和薄弱环节，有利于提高工作质量和产品质量，提高经济效益。

4. 完善岗位质量负责制

建立、完善岗位质量负责制是确保产品质量的可靠保证，在生产过程和工作中必须严格执行。质量负责制执行情况要与班组经济责任制挂起钩来，做到质量优就重奖，质量劣就重罚，实现对产品质量自我控制、自我检查、自我保证，从而实现优质高产，提高经济效益，加速企业发展。

三、生产过程的质量控制

（一）确认首件

1. 首件的概念

现场管理中通过对第一件（或第一批）产品进行检验确认，可以避免发生批量性生产的错误。在通常情况下，每班或每种产品投入生产后产出的第一件产品被认为是首件，如果首件检验合格，则说明目前的制程符合要求，可以批量投入生产；反之，则说明需要改进。至于具体的首件产品数量是多少，则要根据生产的特性来确定，一般的原则是5件。

2.首件的产生

各班组要把每天或每个机种开始生产的前5件产品送品质部检查，从中挑出一个合格品作为首件品进行管理；如果检查中发现没有合格品或产品严重不良，则说明目前的制程不良，不能批量投入生产。

3.首件的确认与管制

首件产品由品质部人员判定合格后，由现场班组长接收并确认，确认后首件产品连同其检查表一起放置在现场的首件专用台上，直到本首件管辖的时段（最多一天）完成为止。首件产品要按程序文件规定的方式去管理，主要管理事项包括签收、贴标签、建台账、更改、承认、发出等。

4.首件产品的用途

因为首件产品是经品质部检验合格的，所以，班组长可以用它来和制程中的其他有问题的产品进行对比，以便统一认识。

（二）落实"三检制"

"三检制"指的是操作者自检、员工之间互检和专职检验人员专检相结合的一种品质检验制度。相比于单纯依靠专业品质检验的检验制度，这种三结合的检验制度更有利于调动员工参与企业品质检验工作的积极性，增强他们的责任感。作为班组长必须熟练掌握品质管理"三检制"的具体内容。

1.自检

自检就是操作者对自己加工的产品，根据工序品质控制的技术标准自行检验。自检最显著的特点是检验工作基本上和生产加工过程同步进行。

自检是指运用目测的方式，看本工序的产品是否合格，若合格则继续生产，不合格则立即返工。

操作人员在实施自检时，一定要确保作业的内容全部到位，如果需要标记则在确认无误后打上规定的记号。自检工作原理如图8-3所示。

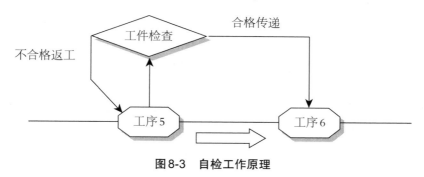

图8-3 自检工作原理

自检进一步可发展为"三自检制"，即操作者"自检、自分、自记"，具体如图8-4所示。

项目	责任者	职能	管理内容	确认者	评议
操作者	自检	首件自检（换刀、设备修理）		检查员	检查员
		中间自检（按频次规定执行）		班长	班长
		定量自检（班组实测）		检查员	质检员
	自分	不良品自分、自隔离、待处理		班长	车间主管
	自记	填写三检卡		质检员	品质部
		检查各票证、签字		检查员	

图8-4　三自检制

2.互检

互检是下一道工序的作业者在开始作业前，运用目检的方式，确认上一道工序的作业内容是否合格，合格则开始作业，不合格则反馈或放置一边。确认合格后有时有必要在操作合格的作业上做"合格"标记。其原理如图8-5所示。

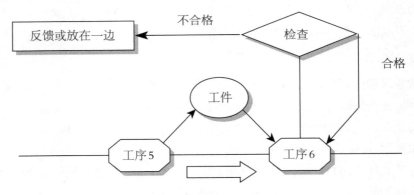

图8-5　互检工作原理

3.专检

专检是指专门设立的检验工位，如QC、FQC、IPQC等，这些工位在不同的企业有不同的管理归属，如图8-6和图8-7所示。当划归品质系统专门管理时，班组长就没有什么直接管理责任；而当划归生产现场管理时，班组长则需要识别检验标准（如产品规范、指导书、样板等），制定检验方法（如全数检验、定量检验、巡回检验等），让人员实施检验，然后记录检验结果，及时向领导反馈。

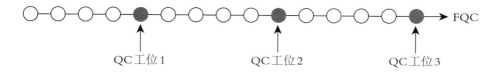

图8-6 QC与FQC在生产线中的位置图示

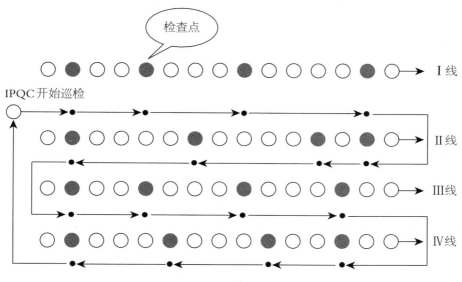

图8-7 IPQC巡检流程

（三）严格遵守工艺纪律

工艺纪律是企业在产品生产过程中，为维护工艺的严肃性，保证工艺贯彻执行，建立稳定的生产秩序，确保产品（零件）的加工质量和安全生产而制定的某些具有约束性的规定。工艺纪律是保证企业有秩序地进行生产活动的重要厂规、厂纪之一。

1.工艺纪律对操作者的要求

操作者处于贯彻工艺、遵守工艺纪律、保证稳定生产优质产品的支配地位。操作者的工艺纪律是一项尤为重要的内容。工艺纪律对操作者的要求如下。

① 操作者的技术等级应符合工艺文件的规定，实际技术水平与评定的技术等级相吻合，确保达到本工序对操作者的技术要求。

② 单件小批和成批轮番生产，关键和重要的工艺实行定人、定机、定工种；大批量生产，全部工序实行定人、定机、定工种。精、大、稀设备的操作者，应经考试合格并获得设备操作证。

③ 特殊工序的操作者，例如锅炉、压力容器的焊工和无损检测人员等，应经过

专门培训，并经考试合格，具有工艺操作证，在证书有效期内才可以从事证书规定的生产操作。

④ 操作者应熟记工艺文件内容，掌握该工序所加工工件的工艺要求、装夹方法、加工步骤、操作要点、检测方法等，以及工序控制的有关要求，坚持"三按"（按图样、按技术标准和按工艺文件）操作。

⑤ 生产前认真做好准备工作；生产中集中精力，不得擅离工作岗位，保持图样、工艺文件的整洁，对加工零部件和量检具应按定置规定点存放，防止磕碰、划伤与锈蚀；保持工作场所的整洁。

⑥ 认真执行"三自一控"或其他形式的自检活动，对技术文件中规定的有关时间、温度、压力、真空度、清洁度、电流、电压、材料配方等工艺参数，严格贯彻执行，并做好记录，实行质量跟踪。

2.操作者违纪因素的控制

操作问题所造成的违纪，主要是操作者的责任。操作者违纪原因及控制方法如表8-1所述。

表8-1 操作者违纪原因及控制方法

违纪现象	违纪原因	控制方法
无意差错造成违纪	（1）工作地光线暗，照明不足，看不清楚，造成误操作或误测量而违纪 （2）工作时间长，操作者疲劳而引起误操作违纪 （3）环境噪声大，工作场所脏乱，造成操作者情绪不佳，不可能持续集中自己的注意力而误操作违纪	（1）为操作者创造一个良好的工作环境，如噪声小、工作场所文明卫生、窗明地净、照明充足等，尽可能地减少操作者疲劳和工作情绪不稳定，使他们能持续集中精力工作 （2）提高所用设备的自动化程度，对一些岗位应安装预防无意差错系统（Fool Proofsystem），例如采用连锁、报警装置，以减少人员的无意误操作而违纪
技术性差错造成违纪	（1）设备陈旧，技术状况不佳，造成违纪 （2）检测方法落后，使测量结果不准确，造成误测违纪 （3）操作者的技能不熟练，水平低而误操作违纪	（1）对陈旧设备进行更新，或安装数显或简易数控装置 （2）更新检测方法，尽可能采用综合性检查仪，或在线自动检测仪表，减少测量结果的误差 （3）培训操作人员，每项新产品或重大旧产品投产之前，应对关键和重要工序的操作者进行培训；组织员工大练基本功，举行技术表演赛，提高操作者的技术水平 （4）制定内容详细、具体，能指导员工操作的工艺文件，并组织员工学习掌握，通过工艺文件的指导，提高操作者的技术水平

违纪现象	违纪原因	控制方法
有意差错造成违纪	（1）操作者责任心不强，做事粗心大意，误操作而违纪 （2）操作者对管理人员工作作风等有意见；对奖金、工资等现状不满；有逆反心理，而故意违纪 （3）追求产量多得报酬，违纪操作 （4）对某些工艺因素责任不清，标准不明确，操作者未去澄清而造成违纪 （5）领导和归口管理部门对工艺纪律未检查考核，违纪不违纪同等对待，而造成操作者违纪	（1）做好思想工作，班组长以身作则，处理事情公正；班组长与操作者进行沟通，消除不满情绪，提高操作者责任心 （2）建立工艺纪律检查考核办法，开展工艺纪律检查，日常检查和抽查相结合，做好记录，对遵章守纪者奖励，对违纪者处罚，奖罚分明，重奖重罚，严格治理 （3）开展工艺纪律竞赛，对模范遵守工艺纪律的操作者，给予表彰奖励，提高操作者遵守工艺纪律的自觉性 （4）指出违纪对质量及企业信誉可能造成的后果，提高操作者的责任心

3.工艺纪律检查

对员工的工艺纪律要配合上级及质检部门进行检查，检查的内容见表8-2。

表8-2 工艺纪律检查表

对象	内容
操作者	（1）实行定人、定机、定工种，即"三定"，按规定取得设备或工艺操作证 （2）生产前做好准备工作，备齐图样、工艺文件和技术标准，熟悉并掌握工艺文件和技术标准的加工及工序控制的有关要求 （3）认真贯彻工艺规程，核查有关工艺装备、材料或在制品、设备、检测量具等是否符合技术文件要求，坚持按图样、技术标准、工艺文件，即"三按"进行生产和操作 （4）按要求做好自检，对技术文件中规定的工艺参数，如温度、压力、时间、电流、电压、材料配方、真空度、清洁度等做好记录 （5）实行文明生产：本人所用设备及其附件清洁；所用工艺装备清洁，无积屑，工具箱整洁，工具定置，按规定使用工位器具，在制品码放整齐，实行定置摆放；文明操作，工作时不吸烟，本人负责把卫生区打扫干净，保持通道畅通 （6）加工制品质量合格或工序能力达到要求的合格品率，特别是废品率在计划指标以内，未发生违纪的质量事故

对象	内容
转序工	（1）按规定的装卸方法搬运转序，轻拿轻放，以消除因装卸、搬运不当造成的制品磕碰、划伤 （2）在制品按定置区摆放；掌握在制品限额，如在制品超过限额应向工艺纪律检查人员报告 （3）对于异形零件，码放有特殊要求的，应按要求码放，其余在制品码放整齐
吊车工	（1）按转序挂钩工手势作业，贯彻安全作业规程 （2）轻吊轻放，消除因吊放造成的磕碰、划伤
清洁工	（1）按规定的间隔时间，及时清除责任区域的垃圾、切屑、杂物等，保持工作环境清洁 （2）避免因清扫造成的零件磕碰、划伤或损坏

（四）控制好4M1E

1.4M1E

在生产加工中，由同一操作者，对同一工序，使用同一种材料，操纵同一设备，按照统一标准与工艺方法，加工出来的同一种零件，其质量特性值不一定完全一样。这就是产品质量的波动现象，而引起这种质量波动现象的主要因素是人（Man）、机器（Machine）、材料（Material）、工艺方法（Method）和环境（Environment），简称为4M1E。

（1）人

任何机械加工都离不开人的操作，即使最先进的自动化设备，仍需人去操作和控制。

（2）机器

机器设备是保证工序生产出符合质量要求的产品的主要条件之一。

（3）材料

在生产加工中，由于工件材料的余量不均匀或硬度不均匀等，都可引起切削力的变化，致使工件产生弹性变形，从而影响工件的加工精度。对此应采取的控制措施有：加强材料的检验，提高毛坯的精度，合理安排加工工序。

（4）工艺方法

工艺方法是实现加工制造的关键。正确的加工方法可以指导生产出合格的零件。

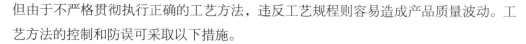

但由于不严格贯彻执行正确的工艺方法，违反工艺规程则容易造成产品质量波动。工艺方法的控制和防误可采取以下措施。

① 制定正确、合理、先进的工艺方法。

② 优化工艺参数，保证加工质量，提高生产效率。

③ 保持工艺装备精度，做好维修并进行周期检定，加强定型刀具的保管。

④ 严肃工艺纪律，对贯彻执行操作规程进行检查和监督。

（5）环境

环境是指生产现场的温度、湿度、振动、噪声、照明、室内净化和现场污染程度等。由于生产产品的工序不同，所需环境条件也不相同，所以应根据工序要求选择相适应的环境条件。

2. 4M变更

4M变更是指在生产过程中给品质带来一定影响的异常变更。包括人（Man）——操作者、机（Machine）——工装设备、料（Material）——材料、法（Method）——工艺方法，是生产过程中最基本的要素，如果这四个要素是稳定的，那么最终生产出来的产品质量也是稳定的，但这只是一个理想的状态。实际工作中，人员、机器、材料、方法都经常在变化，最终结果也随之变化，对其变更的管理就是通过控制这些变化，使结果在允许的范围内变动。

（1）变更的原因

① 操作者的变更。操作者因缺勤、调动、离职，由一个操作者变动到另一个操作者进行作业时，所产生的变更。

② 工装夹具的变更。工装夹具由于临时替用、增加而对产品质量可能有影响时的变更。

③ 材料、辅料的变更。公司因客户要求而对图纸规定的零部件、装配用的辅料而产生的变更。

④ 工艺方法的变更。工艺方法发生变更时，车间更改作业指导书，并培训操作者掌握变更内容。

（2）变更处理方法

班组长将变更的内容填入"变更申请书"（表8-3），交车间主任签字后送到品质部，由品质部经理确定质管方面需确认的内容。变更发生班组及相关部门收到品质部发送的"变更申请书"后，按要求实施变更。

表8-3　变更申请书

编号：　　　　　　　　　制作：　　　　　　　　　确认：

发生班组填写	变更类别：		发生区域：		数量：	
	组件名：		组件编码：		变更时间：	
	变更理由： 变更事项：					
发生班组填写	序号	工位	变更内容（含规格值）			备注
制成：　　　　　　　　　确认：						
品质部填写	序号	实施区	项目内容（含规格值）	测量（手法）		确认数量

① 作业人员变更的处理方法。作业人员变更应按"作业指导书"要求安排员工训练，班组长每两个小时进行产品质量确认，直至培训合格为止。

② 工装夹具变更的处理方法。在实施过程中，要确认用工装夹具控制的首件产品质量是否合格，如果不合格，则要求相关部门停止生产并重新检查该工装夹具的有效性。工装夹具变更后，装配出来的首件产品经技术人员确认合格后，应由质检员进行小批量生产的复检，确认质量合格后方可进行大批量生产。

③ 材料变更的处理方法。物料设计变更指由于设计、生产、品质使用等因素需对产品进行规格、型号、物料、颜色、功能等的变更。发生设计变更时，其处理程序如图8-8所示。

技术部根据客户或产品的要求，制成"设计变更通知书"给相关部门

班组长收到"设计变更通知书"后，负责零件检查规格书和成品检查规格书、工程内检查指导书、作业指导书的修订。必要时修订调整工艺流程

图8-8　材料变更处理程序

④ 设计变更实施。设计变更实施按以下步骤进行,具体如图8-9所示。

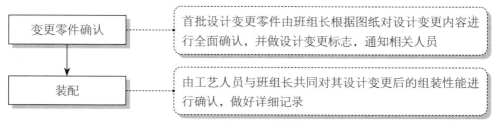

图8-9 设计变更实施步骤

实施过程中如果出现异常,应通知技术研发部门解析原因,并制定对策(必要时联络客户共商对策)。

同时,要特别注意的是,对于实施日期、批量有要求的应该严格按照要求的实施日开始进行设计变更。

⑤ 旧零件处置。对于旧零件,应具体情况具体分析,如表8-4所示。

表8-4 旧零件的处置方法

序号	类别	处置方法
1	可使用的旧零件	根据旧零件总的在库数量,安排生产,确保旧零件优先使用
2	追加工后可以使用的旧零件	公司内追加工由工艺技术人员指示追加工方法,必要时制定上下限判定样本。当零件追加工完成后,一定要重新检验合格后才做入库处理,追加工记录和再检记录要予以保存
3	不可使用的旧零件	做好隔离和标示,按公司规定的程序实施报废

⑥ 作业方法变更的处理方法。作业方法有变更应修改作业指导书,并指导员工按新的作业方法进行作业,处理发生的异常情况,直到员工熟练为止。

(3)变更后产品质量的确认

各部门按照"变更申请书"的确认内容进行质量确认,将确认结果记录在"变更确认表"中,最后返回质管部存档。

(五)执行"三不原则"

"三不原则"是指"不接受不合格品、不制造不合格品、不流出不合格品",这是许多企业的品质方针、品质目标或宣传口号。因为"三不原则"立足于保证产品品质,所以许多企业都在严格实施。

"三不原则"的实施促使每一个岗位、每一个员工都建立起"生产出使自己和客户都满意的产品"的信念,一根无形的质量链贯穿于生产的全过程,制约着每个操作者，使流程的各个环节始终处于良好的受控状态，进入有序的良性循环，通过全体员工优良的工作质量从而保证了产品的质量。"三不原则"的基本做法如下。

1. 不接受不合格品

不接受不合格品是指员工在生产加工之前，先对前道工序传递的产品按规定检查其是否合格，一旦发现问题则有权拒绝接受，并及时反馈到前道工序。前道工序人员收到反馈需要马上停止加工，追查原因，采取措施，使品质问题得到及时纠正，并避免不合格品的继续加工所造成的浪费。

2. 不制造不合格品

不制造不合格品是指接受前道工序的合格品后，在本岗位加工时严格执行作业规范，确保产品的加工质量。确保作业前的检查、确认等准备工作充分到位；随时观察作业中的过程状况，避免或及早发现异常的发生，减少产生不合格品的概率。作业前准备充分并在过程中确认产品的正常生产是不制造不合格品的关键。只有不产生不合格品，才能不流出和不接受不合格品。

3. 不流出不合格品

不流出不合格品是指员工完成本工序加工，需检查确认产品质量，一旦发现不合格品，必须及时停机，将不合格品在本工序截下，在本工序内完成不合格品的处置并采取防止不合格品再出现的措施。本道工序应保证传递的是合格产品，否则会被下道"客户"拒收。

（六）换线质量控制

换线的实质是在一个短时间内变更体制，此时可能会因为忙乱的原因，导致质量问题发生，以下以组装生产线的切换控制为例来说明。

1. 切换的标志警示

对于流水线生产，某个产品全部生产完毕后，停下整条流水线，再布置另外一种产品的生产，称为休克式切换法。这种方式非常"稳妥"，但浪费了时间，降低了效率。较好的方法是不停线切换方式，也就是在第一件切换产品上标示"产品切换"的字样，那么这件产品往下流动的过程中就明确了它与前面产品的不同，从而引导下一道工序的员工用不同的方法来处理。

2. 首件确认

首件确认是指对切换后生产出来的第一件产品的形状、外观、参数、规格、性能、相异点进行全面的确认，可以是质检人员确认，也可以是工艺人员或者班组长确认。首件确认是最重要的确认工作，在首件确认中可以发现一些致命的批量性缺陷，

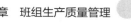

如零部件用错等问题，所以要特别认真地对待。

3.不用品的撤离标志

首件确认合格后，意味着切换成功，可以连续地生产下去。但是对撤换下来的物料不可轻视，一定要根据使用频率进行安排放置，如表8-5所示。

表8-5　不用品的安排放置

序号	使用频率	放置场所
1	当天还要使用的	生产线附近的暂放区
2	三天内使用的	生产线存放区
3	一周内使用的	仓库的暂放区
4	一月内使用的	重新入库，下次优先使用
5	一月以上使用的	重新包装后入库

（七）对制造工序进行巡回质量检查

班组长在生产现场一定要按一定的时间间隔对制造工序进行巡回质量检查。

1.检查内容

这种检查不仅要抽检产品，还需检查影响产品质量的生产因素（4M1E——人、机器、材料、工艺方法、环境）。巡检以抽查产品为主，而对生产线的巡检，以检查影响产品质量的生产因素为主。生产因素的检查包括以下内容。

① 当操作人员有变化时，对人员的教育培训以及评价有无及时实施。

② 设备、工具、工装、计量器具在日常使用时，有无定期对其进行检查、校正、保养。

③ 物料和零部件在工序中的摆放、搬运及拿取方法是否会造成物料品质不良。

④ 不合格品有无明显标志并放置在规定区域。

⑤ 工艺文件（作业指导书之类）能否正确指导生产，工艺文件是否齐全并得到遵守。

⑥ 产品的标志和记录能否保证可追溯性。

⑦ 生产环境是否满足产品生产的需求，有无产品、物料散落在地面上。

⑧ 对生产中的问题，是否采取了改善措施。

⑨ 操作员工能否胜任工作。

⑩ 生产因素变换时（换活、修机、换模、换料）是否按要求通知质检员到场验证等。

2.巡检要求

① 应按照企业规定的检验频次和数量进行，并做好记录，如表8-6所示。

② 应把检验结果标示在工序控制图上。

表8-6 现场巡检

拉台号：		班次：		组长：		日期：					
本班生产工单	序号	生产时间	工单编号	产品/工模编号	产品名称		装潢	颜色		工单数量	生产数量
巡回检查记录	检查时间										
	来货与工单核对										
	模/夹具确认										
	工艺参数核对										
	设备运行状态										
	有无QC签名										
	货品标示										
	货品摆放										
	不合格品标示										
	不合格品隔离										
	员工作业状态										
	环境保护状态										
	品质可否接受										
不合格处理	序号	时间	不合格项目及说明		生产签认		不合格处理		改善结果确认		备注

3.问题处理

巡检中发现的问题应及时指导作业者或联系有关人员加以纠正。问题严重时，要适时向有关部门发出"纠正和预防措施要求单"，要求其改进。

（八）正确处理作业中的不良品

不良品是指一个产品单位上含有一个或一个以上的缺点。进行不良品控制，一方面要明确相关责任人的职责；另一方面要分析不良品产生的原因。

1.不良品产生的原因

不良品产生的原因主要有以下几个方面，如表8-7所示。

表8-7 不良品产生的原因

序号	主要方面	具体细节
1	操作人员	（1）对操作人员培训不足，没有掌握作业要点就上岗操作 （2）操作人员缺乏作业标准，作业步骤和要点方面的知识 （3）作业难度大，操作人员很难长期持续稳定地保持积极的工作态度 （4）对操作人员没有进行监管控制 （5）操作人员情绪波动大，作业失误多 （6）操作人员没有遵照工艺要求去操作 （7）操作人员睡眠不足、身体不适 （8）操作人员个性急躁、精神不镇定 （9）操作人员带病工作、没有气力
2	设备	（1）设备长期缺乏有效的保养、校正，精度不足 （2）操作人员经常违章操作设备，导致设备精度逐步下降 （3）设备本身不稳定，加工精度时好时坏 （4）设备使用的环境恶劣，使其性能不能完全发挥 （5）设备已经过了报废年限，出于成本考虑，继续在使用 （6）设备本身加工精度不足，不能满足产品的精度要求
3	材料（来料）	（1）材料使用错误（类似品） （2）来料不符合规格要求，让步接收后质量差异性太大 （3）来料零件的规格太宽松，安装后不能满足成品质量要求 （4）新技术、新材料、新专利等使用后产生的副作用 （5）来料不合格，没有进行检验或没有检验效果
4	作业特性	（1）判断复杂的作业 （2）难区别的作业 （3）费时的作业 （4）小心细致的作业 （5）单调的作业 （6）时间上作业量多的作业 （7）不能检查确认的作业

续表

序号	主要方面	具体细节
5	工作环境	（1）硬环境 ① 车间的温度超标 ② 车间的干湿度超标 ③ 车间的污染度超标 ④ 车间的照明度不足或过强 ⑤ 座位设置过高或过低 ⑥ 车间噪声大 ⑦ 车间狭小、配置杂乱 ⑧ 车间振动大、多 ⑨ 错误的机械设置 （2）突发变化的环境 ① 旁边有人走过 ② 有电话打来或有人打招呼 ③ 接到紧急指示 ④ 突然停电、气、水等动力能源
6	测量 （检验、检测）	（1）检验规格设定错误 （2）检验项目遗漏 （3）检验设备的精度不足 （4）检验人员的培训不足，能力不够 （5）检验人员没有按照检验标准去执行 （6）没有建立纠正预防措施或机制以防止同类问题再次发生 （7）没有检测工具或检测工具选择不当 （8）缺乏检测手段 （9）检测的基准面没有把握准 （10）对判定标准不理解或理解有偏差
7	管理	（1）缺乏作业标准、作业指导书、图纸等 （2）作业指示不完整、不清晰 （3）对员工放纵听任 （4）监督检查确认力度不够 （5）意见交换（交流）、沟通不足，信息不通畅 （6）员工的操作培训不足 （7）员工的教育培训不足

以上这些因素只是不良品产生的一些主要因素，在实际的生产活动中，造成不良品的原因是多方面、多层次的，要从整体上进行分析和解决问题。

2.不良品的处理

（1）作业人员对不良品的处理

通常情况下，对作业中出现的不良品，作业人员（检查人员）在按检查基准判明为不良品后，一定要将不良品按不良内容区分放入红色不良品盒中，以便班组长对不良品进行分类和处理。

（2）班组长对不良品的处理

① 班组长应每两小时对生产线出现不良品情况巡查一次，并将各作业员工位处的不良品，按不良内容区分收回进行确认。

② 对每个工位作业员的不良判定的准确性进行确认。如果发现其中有不良品，要及时送回该生产工位，向该员工确认其不良内容，并再次讲解该项目的判定基准，提高员工的判断水平。

③ 一天工作结束后，要对一天内生产出的不良品进行分类。

④ 对某一项（或几项）不良较多的内容，或者是那些突发的不良项目进行分析（不明白的要报告上司求得支援），查明其原因，拿出一些初步的解决方法，并在次日的工作中实施。

⑤ 若没有好的对策方法或者不明白为什么会出现这类不良时，要将其作为问题解决的重点，在次日的品质会议上提出（或报告上司），从而通过与他人以及上司（技术者、专业者）进行讨论，从各种角度分析、研究，最终制定一些对策并加以实施，然后确认其效果。

⑥ 当日的不良品，包含一些用作研究（样品）或被分解报废等所有不良品，都要在当日注册登录在班组长的每日不良品统计表上，然后将不良品放置到指定的不良品放置场所内。

　　如果对策实施后的效果很好，就要及时将对策内容报告上司，以便写入基准书（作业指导书、作业注意事项）中，并在全部门进行展开，达到整体改善的目的。

3.不良品在现场的标示

为了确保不良品在生产过程中不被误用，工厂所有的外购货品、在制品、半成品、成品以及待处理的不良品均应有品质识别标志。

（1）选择标志物

① 标志牌。它是由木板或金属片做成的小方牌，按货品属性或处理类型将相应

的标志牌悬挂在货物的外包装上加以标示。

根据企业标志需求，可分为"待验牌""暂收牌""合格牌""不合格牌""待处理牌""冻结牌""退货牌""重检牌""返工牌""返修牌""报废牌"等。标志牌主要适用于大型货物或成批产品的标示。

② 标签或卡片。该标志物一般为一张标签纸或卡片，通常也称为"箱头纸"。在使用时将货物判别类型标注在上面，并注明货物的品名、规格、颜色、材质、来源、工单编号、日期、数量等内容。在标示品质状态时，质检员按物品的品质检验结果在标签或卡片的"品质"栏盖相应的QC标志印章。

③ 色标。色标的形状一般为一张正方形（2厘米×2厘米）的有色粘贴纸。它可直接贴在货物表面规定的位置，也可贴在产品的外包装或标签纸上。色标的颜色一般分为绿色、黄色、红色三种，如表8-8所示。

表8-8　色标所代表意义及贴置位置

颜色	意义	贴置地方
绿色	代表受检产品合格	一般贴在货物表面的右下角易于看见的地方
黄色	代表受检产品品质暂时无法确定	一般贴在货物表面的右上角易于看见的地方
红色	代表受检产品不合格	一般贴在货物表面的左上角易于看见的地方

（2）不良品标志要求

在生产现场的每台机器旁，每条装配拉台、包装线或每个工位旁边一般应设置专门的"不良品箱"。

① 对员工自检出的或班组长在巡检中判定的不良品，班组长应让员工主动地将其放入"不良品箱"中，待该箱装满时或该工单产品生产完成时，由专门员工清点数量。

② 在容器的外包装表面指定的位置贴上"箱头纸"或"标签"，经所在部门的质检员盖"不合格"字样或"REJECT"印章后搬运到现场划定的"不合格"区域整齐摆放。

4.不良品的隔离

经过标示的不良品应放置在有隔离措施的场所，这些隔离措施应能保证易于识别，或不易被错误使用。

（1）不良品区域

在各生产现场（制造/装配或包装）的每台机器或拉台的每个工位旁边，均应配有专用的不良品箱或袋，以便用来收集生产中产生的不良品。

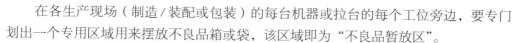

在各生产现场（制造／装配或包装）的每台机器或拉台的每个工位旁边，要专门划出一个专用区域用来摆放不良品箱或袋，该区域即为"不良品暂放区"。

各生产现场和楼层要规划出一定面积的"不良品摆放区"用来摆放从生产线上收集来的不良品。

所有的"不良品摆放区"均要用有色油漆进行画线和文字注明，区域面积的大小视该单位产生不良品的数量而定。

（2）标志放置

① 对已做过判定的不良品，所在班组或责任人员无异议时，由责任班组安排人员将不良品集中打包或装箱。质检员在每个包装物的表面盖"REJECT"印章后，由班组现场人员送到"不良品摆放区"，按类型堆栈、叠码。

② 对质检员判定的不良品，责任班组有异议时，由班组长向所在部门的质检组长以上级别的品质管理人员进行交涉，直至异议公平、公正解决为止。

（3）不良品区域管制

① 不良品区内的货物，在没有品质部的书面处理通知时，任何部门或个人不得擅自处理或运用不良品。

② 不良品的处理必须要由品质部监督进行。

（4）不良品记录

现场班组长或质检员应将当天产生的不良品数量如实地记录在当天的巡检报表上，同时对当天送往"不合格区"的不良品进行分类，详细地填写在"不良品隔离控制统计表"（该表应注明负责班组、工位、不良品变动情况、生产区编号等）上，并经生产部门或班组签认后交品质部存查，如表8-9所示。

表8-9　不良品隔离管制统计表

生产部门／班组：　　　　　　　　　　　　　　　　　　　　　　　　　日期：

品名/规格	颜色	编号	工位	不良品变动			区编号	备注
				进	出	存		

生产部门：　　　　　　　　　　　　　　　　　　　质检员：

四、班组质量改善活动

（一）运用防错法减少失误

1.防错法的概念

产生错误的原因有操作人员忘记、疏忽、行动迟缓、缺乏经验、没有正确培训、故意失误、突发事件等。没有人能够保证自己从不犯错误，不要依赖员工自觉地去发现自身的错误，不能只依靠奖惩制度去避免错误，而是要建立一套有效防止和纠正错误的机制。

防错法的思想是"一次把事情做好"。首先是采取预防措施，不让错误有发生的机会。例如计算机的各种接线都是物理活口，每根接线只能插入正确的插口，就像一把钥匙只能开一把锁。其次是采用自动检测方法，即使员工操作失误也能及时发现。

防错法的一种观点是每一个过程都要实施检查，一个工序的产品在转下一个工序之前需要经过检查，下一个工序在接受这些产品之前也要首先检查，这是一种颇受争议的观点。一个更被认可的观点是不要把寻找错误的工作交给你的下道工序。

2.防错法的基本原则

在实行"防错法"时，有以下四项原则可供参考。

（1）轻松原则

对于难以辨认、难拿、难动等使作业员容易疲劳而发生失误的作业，可以按以下方式进行改善。

① 用不同颜色区分——容易辨认。

② 加上把手——容易拿。

③ 使用搬运器具——动作轻松。

（2）简单原则

需要高度技能与直觉的作业，容易发生人为失误。可考虑用夹具或机械装置，使新进人员或辅助人员也不容易出错。

（3）安全原则

有不安全或不安定因素时，加以改善使其不会有危险；马虎作业或勉强作业有危险时，设法安装无法马虎或无法勉强作业的装置。

（4）自动化原则

依赖像眼睛、耳朵等感官感触进行作业时，容易发生失误。可制作夹具或使之机械化，减少用人的感官来判断的作业。

3.现场易出的差错及基本防错对策

在生产现场中容易出的差错归纳起来有以下几种类型。

① 忘记。当精力不集中时，会忘记一些事情。例如，焊接工忘记调节电流强度，致使产品焊穿或假焊。

对策：让作业人员保持警觉，按一定频率进行检查。

同一机器有好几个部分要加油，贴上颜色标签，就不会加错油，也不会忘了加油，或某个部位加几次油，某个部位又没加油（图8-10）。

图8-10　加油标签

② 由于误解而犯错。有时，在未了解现状之前就匆匆作业，导致错误。例如，在生产车间把某产品外观相似的物料误用。

对策：培训、事先检查、工作程序标准化。

③ 识别错误。观察一个现状时，可能由于太快、太远而没有看清楚，导致对现状的错误判断。例如，将1元的钞票误认为10元钞票。

对策：培训、提高注意力和警觉性。

④ 无经验差错。有时人们会由于缺少经验而犯错误。例如，新员工不熟悉操作或不太熟悉操作。

对策：训练技能、工作标准化。

⑤ 故意的差错。在某些条件下，当决定忽略某些原则时，会有差错发生。例如，在钻孔时，把直径为9厘米的钻孔钻成直径为10厘米的钻孔，认为误差1厘米没有关系。

对策：进行基本教育和经验分享。

⑥ 非故意差错。有时由于精神不集中，莫名其妙地就发生了差错。例如，在总装车间，包装产品时由于精神不集中装错部件。

对策：提高注意力，强化纪律性，工作标准化。

⑦ 慢而出错。有时由于判断滞后，使行动变慢，从而出现差错。例如，学习驾驶的人没有及时踩刹车。

对策：提高技术、工作标准化。

⑧ 无标准而出错。有时由于没有工作标准、指示，发生差错。例如，口头分配工作。

对策：工作标准化、工作指示。

⑨ 偶然性错误。在没有预兆的情况下，有时突然会发生一些错误。例如，机器在没有报警的情况下突然失灵。

对策：全面生产维护，工作标准化。

（二）培养"后道工序是客户"的意识

"班长，这活我不想干了，三班太欺负人了！"清早一上班，一班的小海就开着叉车气喘吁吁地找到本班班长刘×哭丧着脸说。

"什么事啊，把你气成那样了，说来听听！"

"还是上次那事，这回我们班送过去的材料他们又说有问题，说是我们产品里面的粉尘太多，容易对他们的机器形成磨损，而且嫌我们的东西毛边太多。之前你说不用管的，我就直接给他们送过去了，谁知道他们竟然要我们给拉回来，让我们清理完之后才给他们，否则就不收货。"

其实，这就是典型的上道工序的工作没有做好，没有及时了解下道工序的需求，导致下道工序的成员产生不满，让班组员工返工、加班，使人力成本增加，最后造成各部门之间的情绪放大和企业财产的浪费。因此，为了更好地发挥班组各自的效用，班组长应让员工树立一种"下道工序是客户"的意识，这样不仅让员工拥有合作精神，让企业内建立和谐的人际关系，而且也可让员工将保证企业产品质量、成本、交期当成自己分内的工作去做，使各个部门工作环环相扣。那如何才能让员工树立"后道工序是客户的意识"呢？班组长可从以下几个方面入手。

① 每一个工序的成员应该熟悉自己本工序所负责的工作内容和责任范围。如果存在一些"灰色区域"则需要班组长与后道工序负责人员共同协商，以明确界定双方的责任和义务。

② 教育员工经常站在后道工序即消费者的角度来思考问题，做好本工序工作。

③ 班组长或员工都应多了解后道工序的操作程序，比如找后道工序要几个样品，以了解自己的成品是用在其中的哪一个环节或位置。

④ 建立与后道工序的联络方式，有需要时可以建立窗口连接。

⑤ 及时向后道工序和前道工序反馈相应的信息。

⑥ 设置检查的样品，以便于随时查询。

⑦ 自己在工作中或工作后随时进行自我检查，以便于即时改善。

（三）开展QC小组活动

QC小组（Quality Control的缩写）即质量管理小组，是指在生产现场或工作岗位上的职工自愿组织起来，运用质量管理的基本理论和方法，开展群众性的质量管理活动的小组，解决工作场所存在的问题，以达到质量改善的目的。QC小组是质量管理的一种有效的组织形式。

1.QC小组活动的作用

① 有利于开发智力资源，提高人的素质。

② 预防质量问题，并不断地进行改进。

③ 有利于改善人际关系，强化团队意识和质量意识，从而提高团队的工作效率。

2.组建QC小组的原则

① 自愿参加、自愿结合是组建QC小组的基本原则。

② 由上而下、上下结合是组建QC小组的基础。

③ 领导、技术人员和工人三结合是组建QC小组的好形式。

④ 实事求是，结合实际。

3.QC小组的人数

QC小组人员不宜过多，一般3～10人为宜。

4.QC小组组长的职责

① 组织小组成员制订活动计划，进行工作分工，并带头按计划开展活动。

② 负责联络协调工作，及时向上级主管部门汇报小组活动情况，争取支持和帮助。

③ 抓好质量教育，组织小组成员学习有关业务知识，不断提高小组成员的质量意识和业务水平。

④ 团结小组成员，充分发扬民主，为小组成员创造宽松的环境，增强小组的凝聚力。

⑤ 经常组织召开小组会议，研究解决各种问题，做好小组活动记录，并负责整理成果和发表。

5.QC小组活动步骤

QC小组活动按以下步骤来进行，具体如图8-11所示。

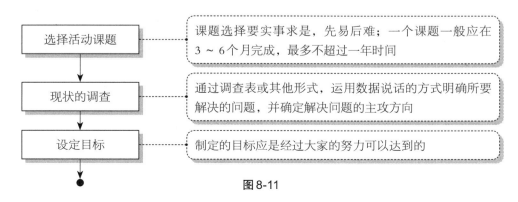

图8-11

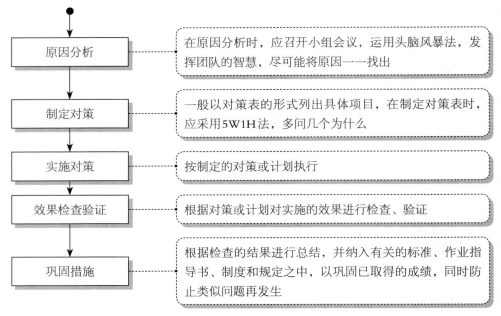

图8-11　QC小组活动步骤

第九章

班组设备工具管理

导读

设备和工具是班组正常生产运营的基本保障。做好班组设备管理，需要做好班组设备维护管理的基本任务，设立班组设备维护管理的要求，比如管好、用好、修好，需要设立班组设备管理的主要指标，包括完好率、故障率、维护率、备件消耗等，最后要加强班组设备的日常维护、保养和点检。

学习目标

1.了解设备的类型、设备与生产的关系、设备对生产的影响、班组工具的分类，掌握班组设备管理的任务与内容，树立设备正确使用与自主保养的观念。

2.了解设备考核的指标和班组设备管理的主要规程，以使班组成员有设备管理的责任心及懂得按设备规程来操作的观念。

3.了解设备工具管理的方法，掌握各种方法的操作步骤与要领及注意事项，以便设备真正在班组就达到管好、用好、修好的目标。

学习指引

序号	学习内容	时间安排	期望目标	未达目标的改善
1	了解班组设备与工具			
2	班组设备管理的任务与内容			
3	班组设备管理考核指标			
4	班组设备管理的主要规程			
5	设备工具管理的方法			
6	设备工具管理注意事项			

一、了解班组设备与工具

（一）什么是设备

设备是为保证正常生产所配置的技术装备、仪器、仪表、试验、检测、控制设施等的总称。生产现场中使用的设备如图9-1所示。

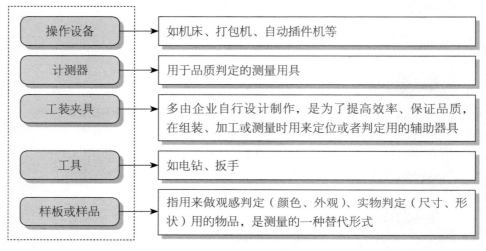

图9-1　生产现场中使用的设备

（二）设备的类型

设备是现代工业生产活动不可或缺的器具，这里所述的设备是指企业在生产过程中使用的机器、工具及它们的混合体。设备类型如图9-2所示。

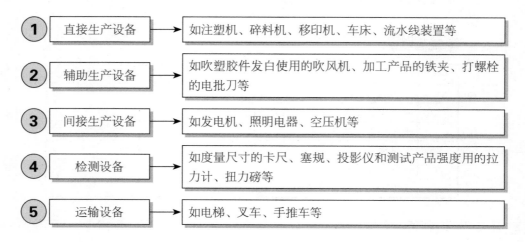

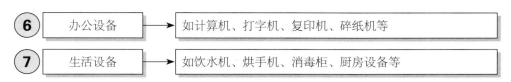

图9-2　设备的类型

（三）设备与生产的关系

目前，企业的竞争日益激烈，尤其是制造业的利润日渐微薄。为了谋求生存和发展，企业总是想方设法降低生产成本，以提高竞争力，最大化地利用设备便是其中重要的一环。具体的做法就是在保证生产正常进行的条件下，降低生产设备的损耗，合理使用和延长生产设备的使用寿命，降低生产设备在制造、采购、维修保养等方面的费用和成本。

假如生产使用的设备速度缓慢，经常出现故障或需要费劲使用，将会导致生产的产品质量不稳定，员工易产生疲劳和存在安全隐患等问题，势必造成不必要的资源浪费并增加成本，而且不能满足客户的要求。由此可知设备与生产是唇齿相依的关系。

（四）设备对生产的影响

古人云："工欲善其事，必先利其器。"设备是完成产品加工和生产的重要保障，是企业生产力的重要因素之一。设备对生产影响的方面如图9-3所示。

图9-3　设备对生产影响的方面

从上面这些内容可以看出，设备对生产的影响是巨大且无法估量的。因此，班组长应把设备列为生产管理的重要活动给予重视。

（五）班组工具如何分类

工具是指从事劳动生产过程中所使用的器具。企业在生产过程中所使用的各种工具，是指在生产制造各种产品的工艺过程中所使用的各种器械。

1.通用、专用工具

通用、专用工具，包括刀具、磨具、量具、卡具、模具、手工工具等。

① 刀具是指用来加工、切削金属的工具。

② 磨具是指用来加工、磨削金属的工具，包括各种砂轮、研磨工具、抛光工具、切割工具等。

③ 量具是指用来检查、测量产品或部件的工具，分精密量具和普通量具。

④ 卡具是指用来加固被加工件或刀具、磨具的工具。

⑤ 模具是指用来使被加工件形成特定形状的工具。

⑥ 手工工具是指一般常用工具和专用工具。其种类较多，专用性强，是完成某些生产作业的必不可少的工具。

2.特殊工具（工艺准备）

特殊工具（工艺准备）包括以下几种。

① 试验台。

② 工作梯、台。这些作为辅助工具，在产品加工、制造、装备、试验等工作中必不可少。

③ 厂内运输工具。如拖车、架车、三轮车、手推车、专用车、电瓶车、铲车等。

④ 其他工具。包括特殊工种中使用的工具，如焊接作业中的焊枪、水管线等，电工使用的电表、电笔、安全带等。

二、班组设备管理的任务与内容

（一）班组设备维护管理的基本任务

合理使用设备，精心保养设备，及时维修设备，做好必要的原始记录，使设备经常处于良好的技术状态。

1.合理使用设备

正确合理地使用设备，发挥设备的工作效率，延长设备的使用寿命，必须认真抓好下面几个环节。

① 经常对操作人员进行爱护设备的教育。

② 合理地安排设备的生产任务。

③ 配备好合格的操作人员。

④ 制定一套合理的、切实可行的规章制度。

⑤ 为设备提供良好的工作环境。

2.精心保养设备

设备维护保养，是延长设备使用寿命的重要手段之一。是否经常地精心保养设备，应该列为考核操作者技术素质的内容。

（二）班组设备管理的主要内容

班组设备管理主要是操作、使用、点检、维护保养，其主要内容

① 制订班组设备管理工作目标。

② 建立完整的班组设备管理内容（包括班组台账、原始凭证、信息传递等）。

③ 组织并指导员工做好班组内设备的维护保养、日常点检、清扫、加油和紧固等工作。

④ 做好检查工作，认真填写班组设备巡检记录。

⑤ 参与设备运行中的故障处理。

⑥ 建立岗位经济责任制的考核与评比制度，并严格组织实施，逐步提高班组设备管理水平。

⑦ 根据设备能力和完好状态安排生产，调整任务和负荷。

⑧ 根据操作规程对员工的操作行为进行检查和监督。

⑨ 为设备创造良好的工作环境，对设备的隐患和运行指派有关人员进行监管，并准备随时做出决断。

⑩ 经常进行爱护机器设备的宣传和教育，使员工能自觉地爱护和正确使用设备，严格执行操作规程制度，养成良好的习惯，使合理使用设备的观念牢固地树立在员工的脑海中并落实在行动中。

三、班组设备管理考核指标

考核班组在设备管理方面的技术经济指标有完好率、维护率、停机时间、设备事故，备件消耗和油料消耗等项。

（一）设备完好率

设备完好率是对设备技术状况的考核指标。它是按照设备的完好程度计算和评定的，评定的标准分为三级。设备完好率计算公式为

$$设备完好率 = \frac{一级设备台数+二级设备台数}{班组负责的设备总台数} \times 100\%$$

① 一级设备是完好无损的设备。具体内容是：结构完整，零件齐全，性能全优，

润滑良好，仪表准确，操作运行可靠。

② 二级设备是可以安全运行，零部件基本完整，无较大缺陷的设备。

③ 三级设备是严重带"病"运行的设备。

（二）设备维护率

设备维护率是对设备维护的考核指标。

1.设备维护的等级

设备的维护状况分为甲、乙、丙三个等级。

① 甲级维护要求操作人员和维护人员做到精心操作，精心维护，严格执行规程，认真填好记录。

② 乙级维护是操作维护水平都较一般的设备。

③ 丙级维护是缺少科学的管理和维护，使之处于不能保证安全运行状态的设备。

2.甲级维护率的计算

主要考核和要求提高甲级维护率。甲级维护率的计算公式是

$$甲级维护率 = \frac{甲级维护台数}{班组负责的设备总台数} \times 100\%$$

（三）设备停机时间

设备停机时间，反映了设备在时间上的失效程度。在生产过程中，除限定的交接班时间、生产准备时间和定检时间外，其余的停机时间都是由于非正常原因造成的。在非正常停机时间内，有生产方面的原因（如待热、待料和外供能源中断等），也有设备方面的原因。由于设备问题发生的停机时间，通常叫事故、故障停机时间。事故、故障停机时间的长短，在一定意义上表明了班组设备管理的好坏。

（四）设备事故

① 设备事故分为重大事故、一般事故和小事故三个级别。它是由达到事故标准规定的突然停机或较大零部件的突然损坏构成的。

② 对待设备事故的方针是：杜绝重大设备事故，减少设备的一般事故和小事故。

③ 设备事故发生后，除按"四不放过"的原则处理外，在经济上还要对直接责任者和事故班组进行惩罚。

④ 班组长要经常做好预防设备事故的教育和管理工作，确保设备安全运行。

（五）设备消耗

设备维持费用的多少，直接影响着产品成本的高低。每个月消耗的备件和燃料、动力是设备维持费用的主要部分。因此，控制非正常原因备件消耗量和保证良好润滑条件下的油料、电力消耗量，是班组长组织开展班组核算的一项重要内容。这两项指标是由上级下达到班组的，对其实耗量要按月统计和考核。

四、班组设备管理的主要规程

设备管理规程包括设备操作规程、设备使用规程、设备维护规程等，如图9-4所示。班组长应该了解这些规程，并按规程检查和监督员工的作业情况。

设备操作规程　设备操作规程是指对操作人员正确操作设备的有关规定和程序。各类设备的结构不同，操作设备的要求也会有所不同，在编制设备操作规程时，应该以制造厂提供的设备说明书要求的内容为主要依据

设备使用规程　设备使用规程是对操作人员使用设备的有关要求和规定。例如：操作人员必须经过设备操作基本功的培训，并经过考试合格，发给操作证，凭证操作；不准超负荷使用设备；遵守设备交接班制度等。由于班组的生产很多实行轮班制，按设备交接班制度做好交接班工作非常重要

设备维护规程　设备维护规程是指为了保证设备正常运转而必须采取的措施和注意事项。例如，操作人员上班时要对设备进行检查和加油，下班时坚持设备清扫，按润滑图表要求进行润滑等，维护人员要执行设备巡回检查，定期维护和调整等

图9-4　班组设备管理的主要规程

五、设备工具管理的方法

（一）凭证操作

设备操作证是准许操作人员独立使用设备的证明文件，是生产设备的操作人员通过技术基础理论和实际操作技能培训，经考核合格后所取得的。凭证操作是保证正确使用设备的基本要求。

如果是新员工，也没有设备操作证，在独立使用设备前，一定要接受设备结构性

能、安全操作、维护要求等方面的技术知识教育和实际操作及基本功的培训。

（二）遵守"三好、四会、五项纪律"

作为班组现场设备操作人员，一定要了解设备操作的"三好、四会、五项纪律"要求，并严格遵守。

1. "三好"要求

"三好"要求，具体如图9-5所示。

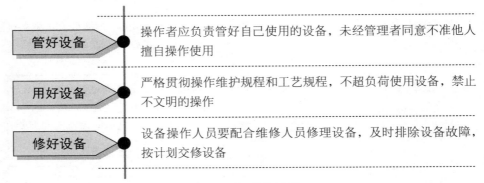

管好设备	操作者应负责管好自己使用的设备，未经管理者同意不准他人擅自操作使用
用好设备	严格贯彻操作维护规程和工艺规程，不超负荷使用设备，禁止不文明的操作
修好设备	设备操作人员要配合维修人员修理设备，及时排除设备故障，按计划交修设备

图9-5 "三好"要求

2. "四会"要求

"四会"要求，具体如表9-1所示。

表9-1 "四会"要求

序号	要求类别	具体说明
1	会使用	操作者应先学习设备操作维护规程，熟悉设备性能、结构、传动原理，弄懂加工工艺和工装刀具，然后再正确使用设备
2	会维护	学习和执行设备维护、润滑规定，上班加油，下班清扫，经常保持设备内外清洁、完好
3	会检查	了解自己所用设备的结构、性能及易损零件部位，熟悉日常点检、完好检查的项目、标准和方法，并能按规定要求进行日常点检
4	会排除故障	熟悉所用设备特点，懂得拆装注意事项及鉴别设备正常与异常现象，会做一般的调整和简单故障的排除，自己不能解决的问题要及时报告，并协同维修人员进行排除

3. "五项纪律"要求

① 实行定人定机，凭操作证使用设备，遵守安全操作规程。

② 经常保持设备整洁，按规定加油，保证合理润滑。

③ 遵守交接班制度。

④ 管好工具、附件，不得遗失。

⑤ 发现异常立即停机检查，自己不能处理的问题应及时通知有关人员检查处理。

（三）遵守设备操作规程

几乎所有设备的操作顺序都有严格的要求，制造厂家的操作说明也有规定，不遵守操作规程会直接导致或加速机器产生故障。然而，生产现场还是有许多作业者，尤其是新进人员，不按操作规程进行错误的操作设定。作为班组长，不仅自己一定要对设备的操作规程了如指掌，而且还要指导并监督现场员工，防止其进行异常操作。

设备操作规程一般都会包括设备技能性能和允许的极限数、设备交接使用的规定、操作设备的步骤、紧急情况处理的规定、设备使用中的安全注意事项、设备运行中常见故障的排除方法六个方面的内容。

（四）做好设备日常维护保养

日常维护保养工作要求设备操作人员在班前对设备进行外观检查，在班中按操作规程操作设备，定时巡视记录各运行参数，随时注意运行中有无异声、振动、异味、超载等现象，在班后对设备做好清洁工作。

> 在冬天，如设备即将停用，应在下班后放尽设备内剩余水，以免冻裂设备。

日常维护保养工作是设备维护管理的基础，应该坚持实施，并做到制度化，特别是在周末或节假日前更应注意。

1.保养执行人员

日常维护保养（日保），由操作人员进行。

2.保养时间和频率

普通设备，利用每天下班前15分钟（周末可适当多花一点时间）进行；精、大、稀设备，要求用更多一点时间进行。

3.保养内容

日常维护保养一般包括以下各点。

① 日常点检的全部内容。

② 擦拭设备的各个部位，使得设备内外清洁，无锈蚀，无油污，无灰尘和切屑。

③ 清扫设备周围的工作地，做到清洁、整齐，地面无油污、无垃圾等杂物。

④ 设备的各注油孔位，经常保持正常润滑，做到润滑装置齐全、完整、可靠，油路畅通，油标醒目。

⑤ 设备的零部件、附件完整，安全防护装置齐全，工、量、夹具及工件存放整齐、不零乱等。

　　关于设备日常维护保养的要点及其对策，最好事先列表并让作业员知晓，这样，作业员在实际操作时有据可查，并对日常保养中出现的问题能妥善予以处理。

（五）设备坚固

设备运转相当一段时间后，因多次启停和运行时的振动，地脚螺栓和其他连接部分的坚固件可能会发生松动，随之导致设备的更大振动，直到螺母脱落、连接尺寸错位和设备的位移以及密封面接触不严形成泄漏等故障，因此必须经常检查设备的坚固程度。在坚固件调整时，应该用力均匀恰当，坚固顺序按规定进行，确保坚固有效。

（六）设备润滑

设备润滑管理是正确使用和维护设备的重要环节。设备润滑管理是利用摩擦、磨损与润滑技术，通过管理的职能使设备润滑良好，从而减少设备故障，减少设备磨损，提高设备利用率。

　　润滑加油时，一定要注意润滑油的型号、品种、质量、润滑方式、油压、油门及加油量等，因为它们均有严格的规定。

班组生产现场设备润滑管理的重点是做好"五定工作"，具体如图9-6所示。

图9-6　五定工作

1.定点

定点，即确定润滑点（设备的润滑点常用图形表示，并根据润滑点的要求配置油标、油池、油槽、分油器等），按规定加油，润滑工与操作者必须熟悉这些部位。

2.定质

定质，必须按设备说明书或润滑图中规定的油料品种、牌号使用，如需代用、掺用，必须经有关主管部门审核批准，油料应有检验合格证，润滑装置、油路及器具应保持清洁，防止灰尘、铁屑进入；油料保管部门存放各种油（脂）必须分品种、牌号储存，严禁混放，保持清洁。

3.定量

对设备各润滑部位执行加油定量与消耗定额，做到计划用油、合理用油、节约用油；若超过定额，应查明原因修改定额或解决油料浪费问题。

4.定期

定期加油或清洗换油是做好润滑的重要环节，应确定加油、清洗间隔期，同时应根据设备实际运行情况与油质，合理调整加（换）油期以保证正常润滑。

5.定人

各润滑点应确定加（换）油负责的人，明确责任，主管人应做好记录。如每班（天、周）加油一次的润滑点，一般由操作工负责加油，各储油箱、齿轮箱、液压油箱的加油换油由润滑工负责，清洗换油时机修工应配合，凡拆卸后添换油的由机修工负责，电气部分应由电修工负责。

在做好"五定"工作之后，然后据此制定相应的管理制度，建立润滑基准及润滑卡。此外，对设备的清洗、换油也应有合理的计划，确保润滑管理工作的正常开展。

（七）设备故障预防在先

1.设备使用之时

① 询问制造厂家的设备使用说明，掌握一般的使用方法。

② 从制造厂家处听取关于保养、点检的要领以及发生故障时的处置说明。

③ 询问设备不良时通知制造厂家的方法。

④ 准备保养所需的材料、部品（可库存一定数量）。

2. 日常运转时

① 遵守操作规程，通过特别清扫来发现微小的缺陷。

② 根据规定的日常点检检查表每天进行点检，发现异常后根据操作手册来处理。

③ 自己修理不了时，立即通知制造厂家。

④ 运转时的异常现象全部要告知直接管理者。

（八）工具管理要有章有法

1. 工装夹具的整顿

应重视并遵守使用前能"立即取得"，使用后能"立刻归位"的原则。

① 应充分考虑能否尽量减少作业工具的种类和数量，利用油压、磁性、卡标等代替螺栓，使用标准件，将螺栓共通化，以便可以使用同一工具。如：平时使用扳手扭的螺母是否可以改成用手扭的螺母呢？这样就可以节省工具了。或者想想能否更改成兼容多种工具使用的螺母，即使主工具突然坏了，也可用另一把工具暂代使用；又或者把螺母统一化，只需一把工具就可以了。

② 考虑能否将工具放置在生产现场最接近的地方，避免取用和归位时过多的步行和弯腰。

③ 在"取用"和"归位"之间，须特别重视"归位"。

需要不断地取用、归位的工具，最好用吊挂式或放置在双手展开的最大极限之内。采用插入式或吊挂式"归还原位"，也要尽量使插入距离最短，挂放方便又安全。

④ 要使工具准确归还原位，最好以复印图、颜色、特别记号、嵌入式凹模等方法进行定位。

2. 切削工具类的整顿

这类工具需重复使用，且搬动时容易发生损坏，在整顿时应格外小心。

① 经常使用的，应由个人保存；不常用的，则尽量减少数量，以通用化为佳。先确定必需的最少数量，将多余的收起来集中管理。

② 刀锋是刀具的生命，所以在存放时要方向一致，以前后方向直放为宜，最好能采用分格保管或波浪板保管，且避免堆压。

③ 一支或一把的刀具可利用插孔式的方法，好像蜜蜂巢一样，即把每支刀具分别插入与其大小相适应的孔内，这样可以对刀锋加以防护，并且节省存放空间，且不会放错位。

④ 对于片状的锯片等刀具可分类型、大小、用途等叠挂起来，并勾画形迹，易于归位。

⑤ 注意防锈，抽屉或容器底层铺上易吸油类的绒布。

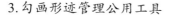

3.勾画形迹管理公用工具

形迹管理就是把工具的轮廓勾画出来，让嵌上去的形状来做定位标识，让人一看上去就明白如何归位的管理方法。

形迹管理可以让员工清楚地知道工具的摆放位置，并且杜绝了工具放错位的现象，什么时候少了一把也一清二楚。

具体做法为：按照工具的形状，描画在一个看板上再涂上阴影，同时，在每一个工具的"形状"上，钉上一根挂钩。用完工具后，就能很容易地按图索骥，将工具挂回看板。

4.个人专用工具漆上颜色

上面提到公用的工具可以利用勾画形迹来管理，而个人专用工具的管理问题在于"大家弄不清到底某一工具，究竟是谁的"。

因为有许多工具，每一个人在作业时都需用到，所以，它们就变成了大家的标准配备。由于它们都一样，一旦被混用就不易分辨出谁是它的主人，也因为有些员工对个人工具的管理漫不经心，自己的不见了，就顺手拿别人的工具来用，从而造成一些不必要的困扰。

为对此进行有效管理，可在工具上漆上不同的颜色，用颜色来代表谁是这件工具的主人。除了个人专用工具之外，其他归属个别部门的工具，也可以利用这种方式，来标示责任的归属，以解决工具管理上的问题。

5.运用木模法安置切削工具

一般的工具，可以运用形迹勾画来发挥目视管理的功能，但切削刀具体积都比较小，而且，刀口又怕被碰撞而钝掉，若用这种方法来管理，则不一定理想。为让切削刀具能有一个安全、固定而且又易分辨的放置位置，可运用"木模法"。

木模法就是在放置切削刀具的架子上，放上一块木板，在这块木板上，先按照各种切削刀具的大小、外形加以雕刻，这样，这些切削刀具就很容易放回原位。该法可让切削刀具件件独立，又因为凹陷在木板内，所以，也可避免彼此碰撞，从而减少刀口被碰钝的机会。

六、设备工具管理注意事项

（一）办好交接班手续

在多班制操作设备的情况下，生产现场无论是操作人员、值班维护工或值班班组长，都应该在交接班时办理交接手续。这种手续，一般以操作人员口头汇报，班组长记录，或由操作人员记录，班组长检查的方式进行。所有记录都要登记在"交接班记录簿"上，以便相互检查，明确责任。

交班人员应将设备使用情况，特别是隐蔽缺陷和设备故障的排除经过及现状，详细告诉接班人员，或在记录簿内详细记载。接班人员要对汇报和记录核实，并及时会同交班人员采取措施，排除故障后，才可接班继续进行工作。但接班人员如果继续加工原工作班已开始生产的工序或零件，也可不停车交接。

在交接班时，一般应达到下列四项标准（图9-7），达不到标准，可以不接班。

图9-7　交接班达标的标准

设备在使用过程中会发生污染、松动、泄漏、堵塞、磨损、振动、发热、压力异常等各种故障，影响设备正常使用，严重时会酿成设备事故。因此，班组长应指导设备操作人员经常对使用的设备加以检查、保养和调整，使设备处于最佳的技术状态。

班组设备维护保养一般由设备使用人员担当，主要是对设备进行清洁、补给、润滑、紧固和安全检视。这种维护保养难度不大，通常作为日常的工作内容，但比点检分工更细，要求更高。班组长负责对此进行检查。

（二）禁止异常操作设备

异常操作可分为对设备、产品、人员有损害和无损害两种，无论有无损害，都应该严格禁止和设法防止其发生。

1.操作的标准化设置

制定"设备操作规程"，并以此为依据来培训操作人员、维修人员、管理人员。操作员需一步步确认，并经过考试合格后，才能操作设备。设备操作规程必须包括以下内容。

① 设备技术性能和允许的极限数，如最大负荷、压力、温度、电压、电流等。

② 设备交接使用的规定。两班或三班连续运转的设备，岗位人员交接时必须对设备运行状况进行交接，内容包括：设备运转的异常情况、原有缺陷变化、运行参数的变化、故障及处理情况等。

③ 操作设备的步骤，包括操作前的准备工作和操作顺序。

④ 紧急情况处理的规定。

⑤ 设备使用中的安全注意事项。

⑥ 设备运行中故障的排除方法。

2. 设置锁定装置

① 通过计算机设定程序，或者在机械上设定异常操作锁定机构，使设备只能按正常步骤往下操作。

② 操作键盘上设有透明保护盖（罩、护板），既可以看见动作状态，又能起保护作用，即使不小心碰到按键，设备也不会误动作。

3. 明确非操作人员不得操作

向所有人员讲明"非操作人员，严禁擅动设备，违者重惩"，对违反者给予处罚。设备旁边也应立一块明显标志以作提醒。

4. 制定异常补救措施

预先制定各种异常操作后的补救措施，并对操作人员进行培训，万一出现异常操作，也能使损失降到最低。

（三）按时进行设备点检

实行设备点检能使设备的故障和劣化现象被早期发觉、早期预防、早期修理，避免因突发故障而影响产量、质量，增加维修费用、运转费用以及降低设备寿命。

1. 了解点检类型

设备点检可分为日常点检、定期点检和专题点检三种。

① 日常点检由操作人员负责，作为日常维护保养里一个重要内容，结合日常维护保养进行。

② 定期点检，可以根据不同的设备，确定不同的点检周期，一般分为一周、半个月或一个月等。

③ 专题点检，主要是做精度检查。

2. 设备点检标准书和点检卡

设备点检必须首先由设备工程技术人员、管理人员、操作人员、维修人员一道，根据每一台设备的不同情况和要求制定点检标准书，再根据点检标准书制定点检卡。

　　设备点检卡的制定，必须简单、明了，判断的标准要明确，记录要简单（用符号表示），使操作工人和维修工人能够很快掌握。一般是将设备上影响产量、质量、成本、安全、环境以及不能正常运行的部位，作为点检的项目。

3.点检结果处理

对于设备点检中发现的问题，班组长在进行处理时要依问题的解决难度而采取不同的方式。

① 一般经简单调整、修理可以解决的，由操作人员自己解决。

② 在点检中发现的难度较大的故障隐患，由专业维修人员及时排除。

③ 对维修工作量较大、暂不影响使用的设备故障隐患，经车间机械员（设备员）鉴定，由车间维修组安排一级保养或二级保养计划，予以排除或上报设备动力部门协助解决。

4.明确点检责任

设备点检要明确规定职责，凡是设备有异状，操作人员或维修人员定期点检、专题点检没有检查出的，由操作人员或维修人员负责。已点检出的，由维修人员维修，而没有及时维修的，该由维修人员负责。

（四）遵守设备巡检标准

企业对每台设备，应依据其结构和运行方式，确定其检查的部位（巡检点）、内容、正常运行的参数标准，并针对设备的具体运行特点，对设备的每一个巡检点确定出明确的检查周期，一般可分为时、班、日、周、旬、月检查点。在具体实施巡检时，应重点对表9-2中所列事项进行监督检查。

表9-2　巡检注意事项

事项	具体内容
电气方面	（1）配线、接头部位有无龟裂、松垮、暴露、老化 （2）各种信号、电压、频率发出装置，以及相关的输入、输出信号值是否正常 （3）仪表盘指针游动是否正常 （4）各种控制开关是否正常完好
结构方面	（1）各种定位柱（杆）、导向柱（杆）、紧固螺栓、铆接头、焊接处、粘接处，有无松脱、脱落、变形 （2）材料表面有无氧化、龟裂、掉漆 （3）机构滑动、滚动、旋转、传动部位是否缺少润滑，开动时是否有异常响声 （4）各机械的动作时间、行程大小、压力、扭矩等是否符合要求
环境方面	（1）设备场所的温湿度、腐蚀性气体、光照度、电磁波干扰等是否正常 （2）设备的地面水平、震动、通风散热等是否正常

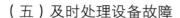

（五）及时处理设备故障

设备产生故障后，轻则影响到产品的质量、效率、操作等，重则可能造成停产、环境污染、安全事故及人身伤害等大事故，还有可能降低设备的使用精度和寿命。因此，现场管理者应重视设备故障的预防。

1.了解故障的种类

设备故障是指设备丧失了制造机械、产品等规定的机能，故障有制造停止型故障（突发故障）、机能低下型故障（渐渐变坏）等。一般来说，设备经常发生的故障如下。

① 初期故障。即在使用开始后的比较早期发生的故障，属设计、制作上的缺陷。

② 偶发故障。即在初期和末期因磨损、变形、裂纹、泄漏等原因而偶发的故障。

③ 磨损故障。即因长时间地使用，产生疲劳、磨损、老化现象等，随着时间的推移故障率也变大的故障。

2.分析设备故障产生的原因

预防就是要从源头上解决，因此首先应了解设备故障产生的原因。通常而言，设备故障主要是因各种缺陷而导致的，具体类型及说明如表9-3所示。

表9-3　设备缺陷

序号	缺陷类型	具体说明
1	设计缺陷	包括结构上的缺陷，材料选用不当，强度不够，没有安全装置，零件选用不当等
2	制造加工缺陷	包括尺寸不准，加工精度不够，零部件运动不平衡，多个功能降低的零件组合在一起等
3	安装缺陷	包括零件配置错误，混入异物，机械、电气部分调整不良，漏装零件，液压系统漏油，机座固定不稳，机械安装不平稳，调整错误等
4	使用缺陷	包括环境负荷超过规定值，工作条件超过规定值，误操作，违章操作，零部件、元件使用时间超过设计寿命，缺乏润滑，零部件磨损，设备腐蚀，运行中零部件松脱等
5	维修缺陷	包括未按规定维修，维修质量差，未更换已磨损零件，查不出故障部位，使设备带"病"运转等

3.设备故障管理

设备故障管理是针对突发故障，采用标准程序的方法加以处理，具体可采取表

9-4所示的方法。

表9-4　设备故障管理方法

序号	管理方法	具体说明
1	就近维修	可以给各班组配备一名维修人员，并就近在设备所在的班组进行实时监控，一旦发现设备的异常状况，可以及时进行维修
2	使用看板	设置故障挂牌看板，一旦某设备发生故障，就立即挂上看板，既方便检修，又避免设备被错误使用
3	错开时间	对于各种生产设备进行检修时，尽量在设备的停工期间（非正常工作时间）进行，以减少设备维修对制度工作时间的占用

4.故障修理

设备使用部门遇有下列情况，班组长须填写修理委托书或维修报告书，向设备维修部门提出修理要求。

① 发生了突然事故。

② 日常点检发现了必须由维修人员排除的缺陷和故障。

③ 定期检查发现的必须立即修理的故障。

④ 由于设备状况不好，造成废品时。

第章
班组安全生产管理

导　读

　　班组是企业的"细胞"，是做好安全生产的基础，是开展安全工作的主体。因此，做好班组安全管理工作，把安全规定、措施落到实处，确保生产安全顺利进行，是实现安全生产的前提。

学习目标

　　1.了解班组安全责任、生产事故发生的原因、安全意识淡薄的严重后果，从而树立安全意识，思想上从"要我安全"转变到"我要安全"的状态。

　　2.了解班组安全管理中必须制定并要求遵守的各项规章制度，以便企业能建立相关的制度，并通过培训、考核使员工严格遵守。

　　3.使班组全体员工重视安全预防工作，并且掌握各项活动的开展步骤、方法，从而把事故消灭在萌芽状态，确保整个班组的生产安全。

学习指引

序号	学习内容	时间安排	期望目标	未达目标的改善
1	明确班组安全责任			
2	班组必须具备的安全意识			
3	执行班组安全管理相关制度			
4	开展班组危险预知活动			
5	进行班组安全检查			
6	制定班组"事故预案"			
7	控制好危险点确保班组安全			
8	抓好反违章工作			

续表

序号	学习内容	时间安排	期望目标	未达目标的改善
9	加强班组的安全教育工作			
10	关注现场作业环境			
11	关注员工的状况			
12	监督员工穿戴劳保用品			
13	运用目视法管理安全			

一、明确班组安全责任

（一）班组长的安全责任

班组长是班组安全生产第一责任人，同时又是完成班组生产任务的核心人物，这就决定了班组长在管好生产的同时，必须管好安全，否则在生产中发生不安全现象乃至事故，班组长的责任是不可推卸的。班组长的具体职责如下所示。

① 认真执行劳动保护方针政策、规章制度以及本企业和本车间的安全工作指令、决定等，对本班组员工在生产中的安全和健康负责。

② 根据生产任务、劳动环境和员工的身体、情绪、思想状况具体布置安全工作，做到班前布置、班后检查。

③ 经常教育和检查本班组员工正确使用机器设备、电气设备、工夹具、原材料、安全装置、个人防护用品等。做到机器设备处于良好状态，保持成品、半成品、材料及废物合理放置，通道畅通，场地整洁。消除一切不安全因素和事故隐患。

④ 对本班组员工进行安全操作方法的指导，并检查其对安全技术操作规程的遵守情况。

⑤ 督促班组安全员认真组织每周的安全活动，做好对新员工、调换工种和复工人员的安全生产知识教育。

⑥ 发生伤亡事故时，应立即报告车间领导，并积极组织抢救。除采取防止事故扩大的必要措施外，应保护好现场。组织班组按"三不放过"的原则，对伤亡事故进行分析，吸取教训，举一反三，抓好整改。督促安全员认真填写"员工伤亡事故登记表"，按规定的时间上报。

⑦ 积极组织开展"人人身边无隐患活动"，制止违章指挥和违章作业，严格执行"安全否决权"。

⑧ 加强对班组安全员的领导，积极支持其工作。对各种安全生产档案资料做到

制度化、规范化和科学化。

（二）班组成员的安全责任

班组长不仅要明确班组成员的安全责任，还要明确班组成员的责任意识。只有这样，才能更好地实现班组的安全管理。

① 坚持"安全第一，预防为主"的方针，严格遵守企业各项安全生产规章制度和安全操作规程，正确使用和保养各类设备及安全防护设施，不准乱开、乱动非本人操作的设备和电气装置。

② 上班前做好班前准备工作，认真检查设备、工具及其安全防护装置，发现不安全因素应及时报告安全员或班组长。

③ 按规定认真进行交接班，交接安全生产情况，并做好记录。

④ 积极参加和接受各种形式的安全教育及操作训练，参加班组安全活动，虚心听取安全技术人员或安全员对本人安全生产的指导。

⑤ 按规定正确穿戴、合理使用劳动保护用品和用具，对他人的违章作业行为有责任规劝，对违章指挥有权拒绝执行，并立即报告有关领导和厂安全技术人员。

⑥ 经常保持工作场地清洁卫生，及时清除杂物，物品堆放整齐稳妥，保证道路安全畅通。

⑦ 发生工伤、工伤未遂等事故或发现事故隐患时，应立即抢救并及时向有关领导和安全技术人员（安全员）报告，应保护好现场，积极配合事故调查，提供事故真实材料。

二、班组必须具备的安全意识

（一）安全意识的定义

安全意识是人的多种意识当中的一种，是人特有的对安全生产现实的心理反应，是从企业领导到每一位员工对安全工作方面的认识和理解。安全意识的核心是安全知识，没有安全知识就谈不上安全意识。人的安全意识的实现既要通过思维获得，也要通过感知获得。安全意识对生产活动、进行安全操作有调节作用；反过来，生产活动也影响着人的安全意识的形成。

（二）安全意识的内容

1.安全第一、预防为主、综合治理的观念

安全第一、预防为主、综合治理的观念要求企业全体人员，确立"安全就是生

命"的思想，坚持把安全作为企业生存和发展的第一因素。当生产和安全发生矛盾时，生产要让位于安全，不能因为赶时间、抢进度而忘了安全操作规程，忘了交代和布置安全工作。

2.安全效益的观念

安全是一种生产力，安全投入是一定有产出的，体现在：一方面，事故发生率降低，损失减少；另一方面，安全方面的投入具有明显的增值作用，可以提高作业人员的工作效率。

3.安全依靠科技的观念

因施工工艺粗糙，设备性能、质量差，生产安全得不到保障，而利用先进的生产设备和合格工艺的安全意识，可大幅度地降低生产事故发生率。

4.安全法制的观念

树立安全工作法制观念，有以下两层含义。

① 安全工作法制观念的树立要求广大员工遵章守纪，在各项工作中严格贯彻执行各种规章制度和法规、法律。

② 安全监察工作要依法办事，对造成一切后果的事故处理必须按照法定的程序和制度办理，而不是随心所欲，把大事化小或把小事扩大。

5.安全道德的观念

良好的安全道德观念是安全意识的最高境界，是安全文化培养的最高目标，也是当今安全管理方面的最高要求。在工作中，不使自己受到伤害，不伤害别人，凡事都要安全第一，不断学习业务技能，提高自身的安全防范能力等都是良好安全道德观。

6.安全管理长期性观念

安全管理存在于企业生产活动的始终，进行有效的安全管理必须要有长远观念。要做好安全管理，必须着眼于长远，制订安全计划、安全目标，不断创新安全管理方法，从而持续不断地提高企业安全管理。

（三）安全意识薄弱的表现与原因

对于安全意识而言，许多人会存在侥幸心理，在心理上轻视、不重视安全的重要性，总是认为事故不会降临到自己的身上。

1.安全意识薄弱的表现

安全意识薄弱的表现是指轻视安全意识的心理在人的行为和习惯中的体现，也就是外在的表现形式。

（1）表现一：自我表现心理

有这种心理的员工，喜欢在别人面前表现自己的能力，工作中常常表现得很自信，显得很有把握，即便是一知半解也充内行，不懂装懂，盲目操作，生硬作业。

（2）表现二：侥幸心理

有这种心理的员工，工作常常从图省事出发，对明确规定的安全事项不去注意，明令禁止的操作方法也照样去操作，凭主观感觉把安全操作方法视为多余的、烦琐的作业。

某工厂一电工在检修变压器时，明知进线刀闸带电，在无监护人情况下却独自架梯登高作业。由于身体离进线刀闸过近（小于0.7米），遭电击，从1.9米高处坠落撞击变压器，终因开放性颅骨骨折、双上肢电灼伤等，抢救无效死亡。该电工忽视了人体与10千伏带电体间的最小安全距离应不小于0.7米的规定，而且在无工作监护的情况下独自违章作业，以至于葬送了性命。

（3）表现三："经验"心理

持这种心理状态的员工多是凭自己片面的"经验"办事，对别人合乎安全规范的劝告经常听不进去，经常说的话是"多少年来一直是这样干，也没出事故"。

（4）表现四：从众心理

这是一种普遍的心理状态。绝大多数人在同一场合、同一环境下，都会有随从反应，如果别人都这样违章做了，他也跟着违章。如果没有人去纠正，这种违章现象会越来越多。

（5）表现五：逆反心理

这种心理状态主要表现为下属通过言行来"抗上"。持这种心态的员工往往气大于理。"你要我这样做，我非要那样做"。由于逆反心理而导致违章工作，致使生产安全事故的发生。

（6）表现六：反常心理

员工情绪的形成经常受到生理、家庭、社会等方面因素的影响。带着情绪上班的员工多数心情浮躁或闷闷不乐，在岗位上精力不够集中，分心走神，工作中往往会发生偏激行为。

20××年12月10日15时18分，某供电公司发生一起事故。原来，112-4刀闸消缺工作应该在112开关检修工作结束（工作票全部终结），并将112系统内地线全部拆除后，重新办理工作票。然而，在112-4刀闸准备做合拉试验中，运行操作人员未认真核对设备名称、编号和位置，错误地走到112-7接地刀闸位置，未经值班长许可，擅自解除闭锁，将 112-7 接地刀闸合入，造成带电合接地刀闸的恶性误操作事故。经了解，该运行人员因家庭矛盾晚上没休息好，思想波动大，第二天操作时思想走神，从而导致事故发生。

在实际工作中，如果员工感到身体不舒服或家里有事情等情况，精神状态不好，不适合工作时，要马上向班组长提出来，经班组长同意后离开工作现场；班组长也要及时观察员工的情绪状态，发现有不良苗头时要主动询问，如有员工有不适情况应要求员工离开工作现场，或调到危害性小的岗位，避免发生安全事故。

（7）表现七：冷漠心理

持这种心理的员工，缺乏主人翁意识。表现在对与自己无关的工作不闻不问，冷漠看待，常抱有"事不关己，高高挂起"的心态，致使别人不愿意接近。

（8）表现八：紧张心理

有这种不良心理的员工，主要表现在工作业务技能低下，缺乏工作经验，应变能力差，遇事束手无策，不知道从何下手。

2. 安全意识薄弱产生的原因

部分人员安全意识薄弱主要是由以下几种心理因素导致的。

（1）对安全教育的忽视

安全教育对公司全体人员是件必不可少的事，但是很多员工却不在意。认为很多生产工作都是简单劳动，受不受安全教育不重要。这种心理只要存在就会对做好安全教育产生负面影响。

（2）对安全教育的厌倦

造成厌倦心理的原因有三方面。

① 安全教育没有新内容。

② 教育形式没有新变化，内容单调枯燥，安全日时只是念念文件，学学操作技能，尤其在安全事故分析时，对人不对事地讨论现象时有发生。

③ 管理人员的举止形态、说话语气欠妥，使员工对安全教育产生厌倦心理。

（3）对安全活动的应付心理

有些员工认为只要在工作中小心一点，事故就不会发生在自己身上，参加班组安全活动是在浪费自己的时间，但不参加安全活动却面临绩效考核，内心深处并不想参加安全活动，所以虽然勉强参加了活动，对活动的内容也并不关心。另外，有的安全活动组织者缺乏专业知识，讲授的内容没有针对性，致使部分员工产生应付心理。

（4）对安全管理的逆反心理

部分员工产生逆反心理的原因是多方面的，主要表现如下。

① 管理者对员工的"违章"行为处理不当，例如：不能坚持原则，讲关系、讲情面，随意性大，对相关责任人处理不公，都会使部分员工产生反感和对立情绪。

② 管理者对员工的违章行为以罚代教，员工违章了，不对员工进行说服教育，没有使员工从道理上明白违章所带来的严重后果，只是一罚了事，致使员工产生逆反心理。

（四）必须强化的安全意识

以下安全意识要不断地对员工进行灌输并使员工牢记在心。

1.意识一：你的平安，是对家人最好的关爱

在进行安全意识培训时可以隐去管理者的身影，以员工亲人的身份去唤醒操作者的安全意识，这就是著名的"葛麦斯安全法则"。

人生最大的不幸莫过于幼年丧父、中年丧夫、老年丧子，而事故是造成人生三大不幸的罪魁祸首，所以在上班时一定要谨记"三莫忘"：莫忘子女的祝福，莫忘妻子的心愿，莫忘父母的期盼。

2.意识二：学习安全知识，吸取教训

安全培训是企业给员工的最大福利，通过学习，员工可以知道什么是危险，哪里不能碰。安全学习有两种：一种是从自己的经验中学习；另一种是从别人的教训中学习。在安全工作中，应尽量不要从自己的经验中学习，也就是说避免出现安全事故，多从以往的教训中吸取经验。

3.意识三：不伤害自己，不伤害他人，不被他人伤害

"三不伤害"几乎涵盖了各岗位员工应遵守的安全管理规章所有的内容。

（1）不伤害自己，是工作中的最低标准

一是意识上不伤害自己；二是技能上不伤害自己；三是行为上不伤害自己。

（2）不伤害他人，是最基本的职业道德

害人就是害己，伤害了他人，自己也难逃处罚，要么是法律的制裁，要么是事故连带的伤害。

（3）不被他人伤害，是必需的职业规范

提高自我防范意识，是"不被他人伤害"最关键的一条。违章指挥不要听从，别人失误时要帮助改正，有安全经验要共同分享，从而保护自己免受伤害。

4.意识四：安全连着你我他，防范事故靠大家

互联互保是为了安全建立起来的像伙伴一样的互助关系。员工之间应互相关照和提醒，利益共享。

5.意识五：操作之时顾左右，相互之间要提醒

安全伙伴最重要的作用是经验分享，相互监督。最应该做到的是关照和提醒。

① 调整心态。只要是善意的提醒，我们都应该接受。

② 善用提醒。改变生硬的管理方法，把提醒用于现场安全的全过程。

有一种安全检查方式叫询问，还有一种安全管理方式叫请教。询问和请教，实质就是提醒。可采用"五步追究法"来提醒对方，一般通过问五次"为什么"，就可以发现问题并找出对策。通过询问提醒员工思考问题，比先入为主的一通批评，更有助于问题的解决。

③ 提醒安全。提醒别人，也不要忘记提醒自己。要记住自己安全自己管，依靠别人不保险。

6.意识六：只要上岗，集中思想；工作再忙，安全勿忘

设备好不如态度好，态度好才是真的好。管理措施再严格，如果员工手忙脚乱，也会滋生祸端。那怎样才能不乱呢？第一，做好准备，熟悉预案，避免手忙脚乱。第二，严守程序，绝不逾越，杜绝乱中出错。

7.意识七：岗位危害我识别，我的安全我负责

要重视危害识别，因为不识别危害，最终会被危险所害。班组长要激发员工善于学习，掌握工具，具备发现危害的能力。

① 要辨识危害必须要问自己三个问题：存在什么危险源？伤害怎样发生？谁会受到伤害？

② 要会运用危害识别的基本方法。员工参加安全活动时，应熟悉企业发放的各种危害识别表格，会正确填报。

③ 要掌握原材料特性和设备工作原理。发生异常情况时，员工能够根据工作原理做出正确判断。

④ 时时处处识别危害，不给隐患以可乘之机。作业前，要根据作业任务进行全面识别，进行事故预想，按照流程进行巡回检查，做好应急准备。作业中，要兼顾生产和安全的关系，不放松警惕，不麻痹大意，不放过任何一个疑点。作业后，要仔细检查，不给接班人员或者自己第二天的工作留下隐患。

8.意识八：放过隐患，必有后患

隐患治理是安全工作的首要任务。发现隐患，应立即采取行动。不能立即消除或者不能独立消除的，必须向上级报告，但不能坐等上级解决，因为在等待的过程中很可能就会发生事故，所以必须立即采取切实可行的补救措施，然后才可以按程序解决根本问题。

9.意识九：习惯性违章，不能习惯性不管

习惯决定安全。习惯性违章是指不良的作业传统和工作习惯。每个员工都应努力把"习惯性违章"变成"习惯性反违章"和"习惯性遵章"。

（五）提高员工安全意识的方法

1.加强安全生产的宣传

企业要大力开展安全生产法律法规的宣传教育，创造"安全生产，以人为本"的安全文化氛围，把安全提高到全新的高度，通过会议、知识竞赛、技能考核等各种形式学习相关规章制度，通过张贴安全宣传画、标语，使全体人员认识到安全生产的重要性。

2.对员工普及安全知识

企业可采取张贴安全标语、开办安全讲座、宣传画等方式向员工传授安全常识，如安全生产"三不伤害""四不放过""五不干""十条禁令"以及员工平时怎样提高自我保护等，把一些常用的、实用的安全知识传授给大家，让员工易于理解和接受，对提高安全意识起到很好的作用。

3.加强员工责任意识教育

班组长要克服"形式主义、好人主义"的思想，对安全生产工作要敢抓敢管，不怕得罪人，加强安全生产督查和检查，真正落实并严格对待安全生产工作。对于员工来说，要严格地按照规章制度去作业、去操作，按照安全规定要求完成各项工作。

4.让员工明白自己是安全的最大受益者

不可否认，做好企业的安全工作，企业会受益，然而最大的受益者还是员工自己。

企业出了事故，主管领导会写检查，受到经济处罚、行政处分甚至承担刑事责任，操作者更有可能会丧失性命。而事故的受害者，往往又是事故的责任人，甚至是最大责任人，会受到法律的严惩。班组长可以在早会上、班前班后会上，甚至是闲聊中，让员工了解这些危害。

5.坚持"四不放过"的原则

"四不放过"即事故原因不查清不放过、责任人员未处理不放过、整改措施未落实不放过、有关人员未受到教育不放过。在提高员工安全生产意识的教育中，坚持"四不放过"也同样能达到遏止事故的目的。

① 通过"四不放过"可以查清事故发生的原因，事故发生在哪一层、哪一个环节上，是人为造成的还是设备隐患造成的，以便在以后的工作中知道应该怎样做、不应该怎么做，避免事故的再次发生。

② 通过"四不放过"可以进一步对安全生产工作存在的不足进行整改，没有采取安全防范措施的要立即采取措施，避免事故的发生。

③ 通过"四不放过"可以使事故责任人受到深刻教育，使违章人员从思想深处挖掘自己的过失，知道工作时违反了规程的哪条哪项，为什么会违反，以后在工作中怎样对待安全生产工作，从而提高自身的安全生产意识。

④ 坚持"四不放过"，并不单单是为了使违章人受到处罚，更重要的是想告诫违章人员，规程、规定及规章制度是用血的教训写成的，任何人只能无条件地服从，触犯必将受到严肃处理。这样使事故责任人和他人受到教育，从而进一步提高员工安全生产的自觉性。

6. 让员工明白失去安全等于失去一切

意外事故是任何人都不期望发生的，一旦发生，就会给个人、家庭、企业、社会造成直接或间接的损失。因此，安全对每一个人都相当重要，没有安全了，一切都有可能失去。

三、执行班组安全管理相关制度

（一）班组安全讲话制

班前会是班组长安排布置生产任务、凝聚人心的时机。在每天的班前会上，班组长应该进行安全讲话，提醒班组成员注意安全生产，避免各类事故的发生，真正做到安全生产"五同时"。

安全讲话的主要内容应包括以下几个方面。

① 当天生产任务的特点。

② 生产中可能发生的危险与预防措施。

③ 上班曾发生的违章行为与纠正处理方法。

④ 提醒班组成员应注意的安全事项。

⑤ 传达上级有关安全生产的工作指示。

⑥ 传达企业内外近期发生的伤亡事故教训及本班组预防类似事故的对策。

⑦ 要求全组成员正确穿戴和使用劳动保护用品和用具。

班前会过后，应将班前会的内容及时进行记录，以备发生事故时查阅，达到查清原因、分清责任的目的。

通过召开班前会，一起讨论出现的问题，使每个人都关注安全，起到互相提醒、互相监督的作用。别人今天的失误，可能就是自己明天的事故，班前会上互相交流安全信息对大家非常有益。

（二）交接班制

在倒班作业中，应每天及时做好交接班。

1.交接班的内容

上一班的班组长应将班中的生产情况、设备状况、安全隐患等信息正确传达给下一班的班组长，以便使下一班掌握情况，避免出现上一班的隐患未整改，造成下一班操作失误，酿成事故。

2.交接班的记录

交接班时双方班组长应在交接班记录本上进行签名确认，交接班记录可以设计成表格形式，具体内容应涵盖：生产完成情况、设备运行情况（包括故障及排除情况）、安全隐患及可能造成的后果、其他应注意的事项等。

3.交接班的方法

交接班的方法主要是"三一""四到""五报"交接法，如表10-1所示。

表10-1 交接班的方法

三一	（1）对重要生产部位要一点一点地交接 （2）对安全生产数据要一个一个地交接 （3）对主要的消防器材要一件一件地交接
四到	（1）应看到的要看到 （2）应摸到的要摸到 （3）应听到的要听到 （4）应闻到的要闻到
五报	（1）报检查部位 （2）报部件名称 （3）报生产状况 （4）报存在的问题 （5）报处理问题所采取的措施

生产班组交接班制度

一、交接内容

1.交工艺

当班人员应对管理范围内的工艺现状负责，交班时应保持正确的工艺流程，并向接班人员交代清楚。

2.交设备

当班人员应严格按工艺操作规程和设备操作规程认真操作，对管辖范围内的设备状况负责，交班时应向接班人员移交完好的设备。

3.交卫生

当班人员应做好设备、管线、仪表、机泵仓（房）、办公室的清洁卫生，交班时要交代清楚。

4.交工具

交接班时，工具应摆放整齐，无油污、无损坏、无遗失。

5.交记录

交接班时，设备运行记录、工艺操作记录、巡检记录、维修记录等应真实、准确、整洁。

凡上述几项不合格时，接班人有权拒绝接班，并应向上级反映。

二、"十交"与"五不交"

1.十交

（1）交本班生产情况和任务完成情况。

（2）交仪表、设备运行和使用情况。

（3）交不安全因素，采取的预防措施和事故的处理情况。

（4）交设备润滑三级过滤和工具数量及缺损情况。

（5）交工艺指标执行情况和为下一班的准备工作。

（6）交原始记录是否正确完整。

（7）交原材料使用和产品质量情况及存在的问题。

（8）交上级指示、要求和注意事项。

（9）交"跑、冒、滴、漏"情况。

（10）交岗位设备整洁和区域卫生情况。

2.五不交

（1）生产不正常、事故未处理完不交。

（2）设备或工艺有问题，弄不清楚不交。

（3）岗位卫生未做好不交。

（4）记录不清、不齐、不准不交。

（5）车间指定本班的任务未完成不交。

三、交接班记录

由班组长或岗位负责人填写交接班日记，其内容如下。

（1）接班情况。

（2）本班工作，其中包括本班的出勤及好人好事情况，生产任务完成情况，产品质量情况，安全生产情况，工具、设备情况。

（3）注意事项、遗留问题及处理意见，车间或上级的指示。

（4）交接班记录一般保存三年。

（三）安全用火制度

"火"是安全的大敌，但在生产过程中又离不开火。采暖、保暖以及电、气焊等很多任务工艺都要用火。为此，企业应有严格的用火制度，明确规定在一般情况下各单位不能随便动火，在生产施工中必须动火的，一定要分地点、分场合并履行一定的动火手续，并填写"动火申请表"，如表10-2所示。

表10-2 动火审批表

动火单位			
车间动火负责人			
车间动火现场监护人			
动火执行人		有效证件	
动火地点		场地清理人	
动火作业起始时间			
动火作业单位已采取的安全措施及承诺	动火前"八不"： （1）防火、灭火措施没落实不动火； （2）周围的杂物和易燃品、危险品未清除不动火； （3）附近难以移动的易燃结构未采取安全防范措施不动火； （4）凡盛装过油类等易燃、可燃液体的容器、管道用后未清洗干净不动火； （5）在进行高空焊割作业时，未清除地面上的可燃物品和采取相应防范措施不动火； （6）储存易燃易爆物品的仓库、车间和场所未采取安全措施，危险性未排除不动火； （7）未配备灭火器材或器材不足不动火； （8）现场车间安全员不在场不动火 申请人签字：		
保安部审批意见			
		（签字盖章） 　年　月　日	
备注			

（四）操作确认挂牌制

操作确认挂牌制是指为了防止错误操作，在每次操作或作业前，对机器设备等操作对象要求必须做到确实认定、确实可靠、确实准确，并在思维中做出确切的反应方可执行的严格规定。挂牌是对操作者进一步的提醒，目的还是为了防止错误操作。

确认挂牌制的要点如下。

① 认定这个操作"对象"的名称、作用、运转方向，是否达到负荷要求和是否影响、危害到他人或其他设备。

② 在认定了上一条的前提下，还要做到能读出或默诵出操作对象的名称、作用，认定无误后方可操作。对于关键性的操作、按钮、开关、阀门等，要加安全防护罩或挂牌子。

③ 上、下岗交接班时，要检查确认设备润滑、紧固、制动控制、电气供电系统是否完好，压力、温度、加热炉、干线炉的火势是否适当，易燃、易爆物质存放位置是否合适，有无事故因素，确定无误方可上下班。

（五）指挥联系呼应制

指挥联系呼应制是指在生产环境复杂、人机混杂、同一生产环节距离较远、噪声较大的情况下，为了做到指挥得当、联系呼应确切所做的严格规定。这个制度的要点如下。

① 全作业线由班组长或值班长统一指挥，在两人以上协同操作时，必须确定只能一个指挥，不能多头指挥。

② 指挥人或主操作人向被指挥人或配合操作人发出的操作指令要简短明确，被指挥人或配合操作人要复诵无误或做出准确回答后才能进行工作。

③ 两人以上工作距离较远或视线较差，需用有线、无线电话或信号联系时，除实行以上呼应制度外，涉及人身、全线、全厂性的重要生产活动，双方应做好联系结果记录。

④ 对于来自本班组以外的操作指令或其他工作指令，要确认对方单位、地点、指令者姓名、指令发出时间和具体行动时间，并做好记录，然后将指令重述，校对确切无误后，才能组织实施。

（六）在厂区、作业区的行动安全制

在厂区、作业区的行动安全制，主要是规定在厂区、作业区内，都要标明行动路线和挂牌指示"高压、高温、高速、防火、有毒"等字样，以免本单位人员和外来人员发生意外事故。这个制度的要点如下。

① 在车间、作业区、井场、联合站、中转计量站内一般谢绝闲杂人员通行、参观或游玩，如非通行不可的要沿规定路线行走；即使是生产操作人员，在作业区内，也要"眼观六路，耳听八方"，尤其是在高温、高压、高速、易燃、易爆、有毒之处和悬吊物下，要避让绕行。

② 吊车、钻吊在吊物操作前，一方面要量物、量力而行；另一方面要注意吊物周围的行人、设备、设施等有无妨害，认定无误后，方可起吊。

③ 车辆进入作业厂区内或井、站内，要确认道路宽窄、高低以及有无漏油、漏气现象，防止排气筒喷出火花，引起火灾。穿行铁路、道路口时，要"一站二看三通过"，严禁抢道抢行。

（七）安全预防保护制

安全工作主要是以预防保护为主。在进行某一项生产活动中，要根据可能发生的不安全因素采取相应的防范保护措施。开始一项工作前，要先自问几个为什么，这样做是否符合安全规定，会不会伤害自己或他人。必须做到先防范，然后再开始工作，这就是安全预防保护制。其要点如下。

① 员工进入岗位必须戴安全帽，穿工作服、工作鞋，高空作业必须系保险带；操作前，要观察周围的环境是否有不安全因素或影响操作的障碍物。确认无误后，严格按规程进行操作。

② 进入有毒、易燃、易爆处或各种容器、长久关闭的坑道、管道、地下室内进行检查、检修、取物、用火等临时操作时，必须经安全部门或现场安全员采用一定手段检测、鉴定、测试后方可进入，并要有安全人员监护，还要经常通风，如操作停留时间过长，应轮流或间断进行。

③ 对电气设备带电操作，如倒闸、启停高压开关，在野外更换电力系统中的零部件，不但要进行模拟操作，还要有人监护，并要按操作票，一人唱票，一人操作。对供电线路停电检修时，不但要挂牌标记，而且要在切断电源处留人守护，以免他人误送电伤人。

（八）安全先进班组评比活动制度

开展好安全先进班组评比活动，是班组做好安全生产的重要环节。要成为安全生产的先进班组，必须达到以下条件。

① 安全的组织机构、制度健全，并定期开展安全活动，各项记录齐全完整。

② 开展事故预先防范活动，发现事故苗头要及时整改、处理，做到长期安全生产，并总结一套安全生产的经验。

③ 坚持班前班后安全讲话，表扬安全生产中的好人好事，批评并责改生产中出

现的安全问题，严格按照班组制定的安全考核办法，做到奖罚分明。

④ 作业环境整洁、美观，光线充足，空气流通；有毒有害物质含量和噪声符合标准；安全标志清楚，安全信号正确；从事有毒有害工种的班组，达到消灭职业病例。

（九）安全教育制度

1.新进厂员工安全教育

新进厂员工持行政部门开出的"员工安全教育档案卡"，经上级教育后到班组工作。班组长应及时对其进行新进厂员工上岗前班组级安全教育，教育时间不少于15学时，教育内容主要有：介绍本班组安全生产情况、特点；讲解本工种岗位作业特点和安全操作规程，设备操作安全事项，班组存在的危险和有害因素，安全防护设施、劳动防护用品（用具）的正确使用方法；点明要遵守的安全生产规章与制度，并指定专人监护。教育完后，在教育卡上分别由教育者和受教育者签字，由受教育者将卡片送回行政部门。

2.变换工种教育

变换工种人员持行政部门的"员工安全教育档案卡"到班组后，班组长及时安排对其教育，教育时间不少于10学时，教育内容和教育后手续与新员工相同。

3.复工教育

① 工伤伤愈上岗，无论歇工时间长短，一律要进行复工安全教育，教育内容是帮助伤者回顾事故是怎么发生的，要接受哪些教训等。

② 因各种情况离岗三个月的，回岗后，班组长要对其进行收心教育，重温安全生产纪律、制度、安全操作规程，稳定其安全生产情绪，重新熟悉环境和设备。

以上两种情况的复工教育，均应先到分厂安全技术人员处接受教育质询，再携带"员工安全教育档案卡"到班组进行教育。重伤、急性中毒，需要进行工伤鉴定办理工伤保险的，应到企业安全管理部门接受教育和质询。

（十）工伤、事故管理制度

发生事故后班组应做到以下几点。

① 积极保护伤者，保护好事故现场。

② 立即派人报告车间和分厂主管领导，同时报告安全技术部门。

③ 如实向事故调查组提供事故情况，事故结案后应组织员工认真学习事故通报，吸取教训，落实班组的事故防范措施，并做好班组的事故记录。

④ 对于未遂工伤等事故也应有分析记录。

（十一）安全文明生产检查制度

① 班组应按公司"班组岗位安全日查登记本"做好每日班前、班中、班后的安全检查。

② 班组设备设施较多并有A、B类危险控制点的，应根据需要坚持班组安全周检或其他专项检查。

四、开展班组危险预知活动

危险预知，简言之就是预先知道生产或作业过程中的危险性，进而采取措施，控制危险，保障安全。实践证明，班组开展危险预知活动是安全工作的法宝。

（一）危险预知应包括的内容

① 班组长对本班组管辖范围或承担的作业项目，要明确无误，对重点、难点、危险点做到了如指掌。

② 班组长应对所承担的项目、任务，可能发生的伤害和事故，如触电、起重伤害、落物坠人、火灾爆炸、中毒窒息等，都要在作业前仔细预想，并运用因果图、事故树分析等方法，分别列出对策加以落实，防患于未然。

③ 让班组每个成员清楚，从"人、机、料、法、环"几个方面细化分析，认真填写危险预知报告书，交班组长和有关人员批准，并在作业前的准备会上做出交底。着重从作业状况、发生事故因素、潜在危险、重点对策、预防措施方面下功夫，以此来提高自我保护能力和事故处理能力，达到让班组成员清楚地预知危险，熟悉危险报告的填写，从而保证每次危险作业都能顺利完成。

④ 班组长要做明白人。班组长和员工之间、员工和员工之间，工作、生活、学习在一个特定的班组集体中，同志情、工友爱、师徒谊，组成一个共同体。班组长要通过观察下属的行为来发现班组成员的心理、体力变化，及时发现问题并采取措施加以解决。

⑤ 就每一个具体项目而言，班组长都要按照"人员是否足够、素质是否适应、配合是否默契、方案是否可行"的要求，精心组织，合理安排。

（二）危险预知关键是深化隐患检查整改

1.加强巡检，发现隐患及时整改到位

班组长在班中巡检，要对生产工艺过程，设备运行状况，安全装置、个人防护用品的使用情况等进行巡检，每小时一次，对发现的问题及时整改，如果本班组解决不

了的要及时上报。

2.班组成员要进行"五查"活动

即查不安全装置、不整洁环境、不安全行为、不标准操作、麻痹凑合作业，并把查与不查、查粗与查细、查多与查少、查深与查浅列入各成员的业绩考核中，与奖金挂起钩来。

3.班组建立缺陷检查、隐患整改台账

做到记录齐全、填写认真、情况真实、有据可查。

（三）危险预知训练的开展

预知危险训练，是一种生产现场作业人员的协调配合活动，须做到"全部、快速、正确"，防止发生人为事故的训练。对危险而言是个别训练，与此同时，也可以认为是作业人员的配合训练。

1.预知危险训练要点

预知危险训练包括以下5个要点。

① 用插图描绘生产现场和作业情况。

② 在工作场所内的操作过程，让操作者边观察边训练。

③ 在工作场所内的小群体中，说真话讲想法，相互理解。

④ 用指差唱和与指差称呼来确认危险点和重点实施项目。

⑤ 在行动之前解决问题。

2.预知危险训练的程序

预知危险训练的程序如图10-1所示。

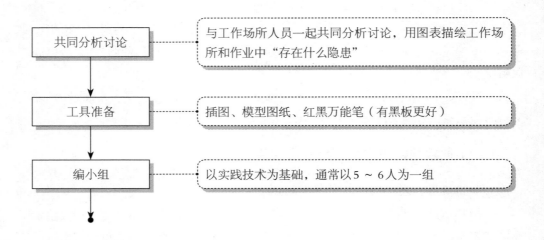

共同分析讨论 ┄┄ 与工作场所人员一起共同分析讨论，用图表描绘工作场所和作业中"存在什么隐患"

工具准备 ┄┄ 插图、模型图纸、红黑万能笔（有黑板更好）

编小组 ┄┄ 以实践技术为基础，通常以5～6人为一组

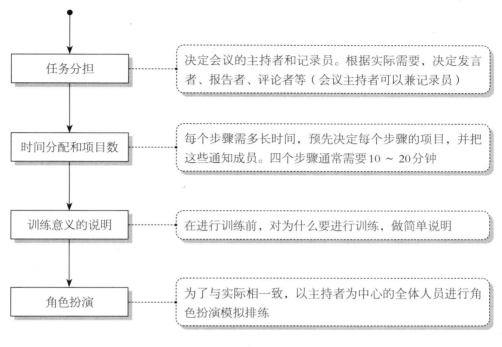

任务分担	决定会议的主持者和记录员。根据实际需要，决定发言者、报告者、评论者等（会议主持者可以兼记录员）
时间分配和项目数	每个步骤需多长时间，预先决定每个步骤的项目，并把这些通知成员。四个步骤通常需要10～20分钟
训练意义的说明	在进行训练前，对为什么要进行训练，做简单说明
角色扮演	为了与实际相一致，以主持者为中心的全体人员进行角色扮演模拟排练

图 10-1　预知危险训练的程序

　　在开始实际技术训练之前，先放映对实际技术进行解说的幻灯片或电影（15分钟以内），然后说明施行实际技术的方法，再开展实际活动。所谓"百闻不如一见"，故电影教材是不可缺少的。

五、进行班组安全检查

　　开展班组安全生产检查，是根据上级有关安全生产的方针、政策、法令、指示、决议、通知和各种标准，运用系统工程的原理和方法，识别生产活动中存在的物的不安全状态、人的不安全行为，以及生产过程中潜在的职业危害。

（一）班组安全检查的内容

　　班组安全检查的内容如表10-3所示。

表 10-3　班组安全检查的内容

序号	要点	检查内容
1	思想、纪律方面	（1）员工是否树立"安全第一"的思想，安全责任心是否强 （2）员工是否掌握安全操作技能和自觉遵守安全技术操作规程，以及各种安全生产制度，对于不安全的行为是否敢于纠正和制止 （3）员工是否严格遵守劳动纪律 （4）员工是否做到安全文明生产 （5）员工是否正确、合理穿戴和使用个人防护用品、用具
2	法规制度的执行方面	（1）检查本班组是否贯彻了国家有关安全生产方针政策和法规制度，对安全生产工作的认识是否正确 （2）是否建立和执行了班组安全生产责任制 （3）是否贯彻执行了安全生产"五同时" （4）对伤亡事故是否坚持做到了"四不放过" （5）特种作业人员是否经过培训、考核、凭证操作 （6）班组的各项安全规章制度是否建立与健全，并严格贯彻执行
3	检查生产现场是否存在物的不安全状态	（1）检查设备的安全防护装置是否良好。防护罩、防护栏（网）、保险装置、联锁装置、指示报警装置等是否齐全、灵敏、有效，接地（接零）是否完好 （2）检查设备、设施、工具、附件是否有缺陷。制动装置是否有效，安全间距是否合乎要求，机械强度是否符合要求，电气线路是否老化、破损，超重吊具与绳索是否符合安全规范要求，设备是否带"病"运转和超负荷运转 （3）检查易燃易爆物品和剧毒物品的储存、运输、发放和使用情况，是否严格执行了制度，通风、照明、防火等是否符合安全要求 （4）检查生产作业场所和施工现场有哪些不安全因素。有无安全出口，登高扶梯、平台是否符合安全标准，产品的堆放、工具的摆放、设备的安全距离、操作者安全活动范围、电气线路的走向和距离是否符合安全要求，危险区域是否有护栏和明显标志等
4	检查员工是否存在不安全行为和不安全的操作	（1）检查有无忽视安全技术操作规程的现象。比如：操作无依据、没有安全指令、人为的损坏安全装置或弃之不用，冒险进入危险场所，对运转中的机械装置进行注油、检查、修理、焊接和清扫等

续表

序号	要点	检查内容
4	检查员工是否存在不安全行为和不安全的操作	（2）检查有无违反劳动纪律的现象。比如：在作业场所工作时间开玩笑、打闹、精神不集中、脱岗、睡岗、串岗、滥用机械设备或车辆等 （3）检查日常生产中有无误操作、误处理的现象。比如：在运输、起重、修理等作业时信号不清、警报不鸣，对重物、高温、高压、易燃、易爆物品等做了错误处理，使用了有缺陷的工具、器具、起重设备、车辆等 （4）检查个人劳动防护用品的穿戴和使用情况。比如：进入工作现场是否正确穿戴防护服、帽、鞋、面具、眼镜、手套、口罩、安全带等，电工、电焊工等电气操作者是否穿戴超期绝缘防护用品、使用超期防毒面具等 （5）及时发现并积极推广安全生产先进经验。安全生产检查不仅要查出问题，消除隐患，而且还要发现安全生产的好典型，并进行宣传、推广，掀起学习安全生产经验的热潮，进一步推动安全生产工作

（二）安全检查结果的处理

安全检查应做好详细的检查记录，检查的结果和存在的问题，按企业规定的职责范围分级落实整改措施，限期解决，并定期复查，如表10-4所示。

表10-4　班组安全生产日常检查

检查内容＼结果＼日期	___日上午	___日下午	___日上午	___日下午	___日上午	___日下午	___日上午	___日下午	___日上午	___日下午	___日上午	___日下午	___日上午	___日下午
机械操作员是否违反操作规程														
机械危险部位是否有安全防护装置														
机械防护装置是否安全有效														
机械设备是否有操作规程标志														
员工是否按要求佩戴防护用品														
员工是否按要求着装														
员工是否把饮水和食物带入车间														
货物摆放是否整齐、平稳、不超高														
货物是否堵塞灭火器材和通道														

检查内容 ＼ 结果 ＼ 日期	___日 上午	下午	___日 上午	下午	___日 上午	下午	___日 上午	下午	___日 上午	下午	___日 上午	下午	___日 上午	下午
工作台电线、插头是否有裸露、脱落														
测试仪是否有绝缘防护														
员工工位是否被货物或台凳堵塞														
车间照明、通风、温度是否正常														
电源线路、开关掣是否正常														
危险品是否贴有中文标志														
是否用有盖压力瓶装危险液体														
危险品是否远离火源热源														
岗位上是否放有过量的危险品														
电烙铁、风筒是否符合安全要求														
员工是否经过岗位安全培训														
员工是否违反工作纪律														

说明：请根据检查情况在"结果"栏内打"√"或"×"，有问题及时整改，并做好记录，如无法整改的要立即向部门主管报告，直到问题解决为止

班组负责人：_____部_____组

检查人：_____ 部门安全员：_____

① 对不能及时整改的隐患，要采取临时安全措施，提出整改方案，报请上级主管部门核准。

② 无论哪种方式的检查，都应写出总结，提出分析、评价和处理意见。

③ 对安全生产情况好的，应提出奖励；对安全生产情况差的，应提出批评和建议。要总结经验，吸取教训，达到检查的目的。

六、制定班组"事故预案"

"事故预案"是班组成员根据岗位中的工作内容预测可能发生的事故，并运用安全管理科学方法，找出可行的预防措施及事故一旦发生后的应急处理方案的一种班组安全管理方式。班组作为生产安全事故最直接的接触层，是生产安全事故救援方案的

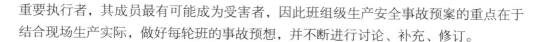

重要执行者，其成员最有可能成为受害者，因此班组级生产安全事故预案的重点在于结合现场生产实际，做好每轮班的事故预想，并不断进行讨论、补充、修订。

（一）事故预案的制定步骤

1.细分"工作内容"和"事故"

尽管多数班组从事的工作和使用的工具设备等相对固定，但由于生产的需要，班组的工作也会做相应的调整。为了便于预测事故，必须把工作内容细化，如"清扫皮带积料""搭脚手架""加工超长工件""抽煤气盲板"等。

有的工作内容可能容易引发几种类型的事故，此时应分析事故发生的概率或伤害程度，对概率最大的事故或伤害程度最重的事故优先进行预测分析。如某厂机修车间车工班，工作任务是加工螺纹，可能发生的事故有绞伤、砸伤、刺伤、铁屑伤眼、摔伤等，根据历年事故统计，绞伤比例最大、伤害程度最重，则优先对绞伤事故进行分析，然后再对其他类型的事故分别进行分析。

2.制定可行的"预防措施"

产生事故的原因有许多种，人、物、环境及其他一些因素都可能导致事故的发生，要针对不同的原因分别找出预防措施。

3.确定事故发生后的"处理方法"

尽管"事故预案"制定了预防措施，但如果措施未落实或因其他个人因素，如疾病、饮酒、打闹等，仍然会导致事故的发生，因此，如何正确地处理事故非常重要。一定要根据现场实际情况沉着冷静地采取正确的方式，把事故损失降低到最低限度，尽可能避免事故的扩大。以绞伤为例，处理方法如下。

① 立即停车，挂空挡。

② 盘车立即退出伤者，严禁拽拉伤者，避免伤情扩大，并及时送往医院抢救。

③ 保护事故现场，立即报告安全部门或上级有关部门。

（二）事故预案工作的注意事项

做好"事故预案"工作，还应做到以下几点。

①"事故预案"必须经过班组集体讨论，共同想办法、提建议，员工对具体预案内容必须清楚明白。

② 预防措施必须做到条条落实。

③ 安全人员要经常到班组指导工作，加强考核。

④ 内容要针对实际，与班组工作融为一体，与安全操作规程相结合，形成一个整体。只有这样，才能真正发挥"事故预案"应有的作用。

七、控制好危险点确保班组安全

避免工伤事故和职业危险，最切实、最有效的办法是找准工作中的危险源，采取切实有效的措施控制好危险点，具体做法如下。

① 调查班组安全现状，分析所有可能的危害因素，分析过去曾发生的意外事件，并进行风险评估。

② 制定班组的安全目标，控制异常和未遂；建立班组安全的架构，划分责任与授权；建立班组安全值日制度，培训班组成员。

某班组利用危险源的分析方法，在某机器大修前进行了危险源分析。班组成员分别对人、机械、电气、化学、辐射、高处坠落、地面滑跌等几个方面进行了危险源分析。找出哪些因素会造成人员触电，哪些因素会造成人身遭受机械外力的伤害，工作中使用的化学物品哪些对人体有害，周围有无电磁辐射，涉及高处作业的工作有哪些，安全带有无可靠的悬挂点等。设备方面针对以往的检修记录、日志，依据设备检修和运行中故障出现的频次，找出设备的薄弱环节，找出哪些部位容易出故障，哪些部位容易受到损伤，哪些会人为地造成设备的损伤。针对分析的结果，进行风险评价，提出危险控制点，制定出一系列相应的防范措施，并明确要求全体人员在检修工作中严格遵守安全规程，严格执行设备检修工艺标准。工作中如遇有疑问事项必须及时提出，需要时时保持高度的警觉，遇有异常，立即停止工作，待查明原因后再开始工作。

由于班组事先对危险源进行了分析评价，并及时制定了相应防范措施，能够有效地控制和减少班组的不安全现象，创造了班组的安全工作环境，提高工作效率，杜绝事故发生。

八、抓好反违章工作

违章主要发生在班组，因此，反违章应着重从班组抓起。所以，班组长抓安全要着重抓好反违章工作。

（一）做好反违章的基础工作

通过各种形式，如用形象生动的事故录像片、典型的事故案例或发生在身边的违章事故，经常对班组成员进行教育，提高班组成员对违章危害性的认识，消除违章的思想根源，使他们在作业过程中能自觉地用规章制度规范自己的行为，做到遵章守纪。通过教育使全班人员认识到，违章就容易发生安全事故，严重时甚至断送生命；违章的后果是，"一害个人、二害家庭、三害集体、四害企业、五害国家"。

班组核心成员需要团结，要互相支持，互相"补台"，形成良好的工作作风，长此以往就会使班组产生一定的凝聚力和约束力。班组长要以身作则，率先垂范，要求班组成员做到的自己首先要做到，如果自身违章要主动接受处罚，用自己的良好形象去引导和影响其他班组成员，在研究处理违章人员时，要公平、公正、公开，一视同仁，使被处理人员心服口服。

班组长要充分认识违章的顽固性和反违章的艰巨性。反违章是一项长期而艰巨的安全管理工作，不会一蹴而就，只有常抓不懈，百折不挠，才会收到显著的效果。

（二）明确反违章的工作方法

① 防止违章行为的出现。根据以前的作业情况，对照《安全管理规范》和各项规章制度，认真查找违章表现，然后通过反违章学习，使全班人员清楚违章表现，防止违章行为出现。

② 发现违章，要及时制止，并在班后会按规定宣布处理意见。班组长对违章没有及时制止的，也视为违章，并对其进行一定的处罚。作业组其他成员也要互相监督，积极、主动地制止违章人员。要认识到：制止违章是对违章者最大的关心和爱护，是对工作、对集体极其负责的表现。

③ 违章者要在安全日活动期间进行检查。检查内容包括：违章的原因是什么，对违章的危害性有哪些认识，今后怎样做到不违章。班组长也要检讨。通过集体说教，使违章者提高认识，改掉违章行为，同时也使其他人受到教育。

④ 分析总结。班组长要组织班组成员对当月的反违章工作进行全面的分析总结，找出存在的问题，明确下一步反违章工作的重点，以适应深入开展反违章工作的需要，逐步使月违章次数向"零"目标迈进。

九、加强班组的安全教育工作

安全工作必须层层动员，人人参与。由于每个作业人员的自身素质不同，对现场安全措施的理解也有所不同，有些人是在工作中不自觉违章的。因此，对工作人员进行日常安全教育显得尤其重要。

① 开工前，班组长要组织工作人员召开班前会，认真分析工作场所的危险点和安全注意事项，提前向作业人员进行安全交底。

② 完工后，班组长要组织召开班后会，分析和总结工作班组全体成员在作业过

程中正确与错误的操作或行为，以提高工作人员的安全意识和专业技能。

③ 定期组织开展班组安全日活动，通过学习和讨论《事故通报》上的案例，查找事故原因，吸取事故教训，并结合本班组实际，切实采取并落实防范措施，杜绝类似事故再次发生，让安全日活动具有针对性和现实指导意义，真正起到启发和教育的作用。

十、关注现场作业环境

在意外事故的发生中环境因素不可忽视，通常脏乱的工作环境、不合理的工厂布置、不合理的搬运工具、采光与照明不好、危险的工作场所都容易造成事故发生。因此，班组长在安全防范中应对作业环境加以关注，对生产现场加以整理整顿，平时一定要留意以下事项。

① 作业现场的采光与照明是否足够？

② 通气状况是否良好？

③ 作业现场是否充满了碎铁屑与木块？是否会影响作业？

④ 作业现场的通道是否够宽？是否有阻碍物存在？

⑤ 作业现场的地板上是否有油或水？对员工的作业进行是否会产生影响？

⑥ 作业现场的窗户是否擦干净？

⑦ 防火设备是否能正常地发挥其功能？是否进行定期的检查？

⑧ 载货的手推车在不使用的时候，是否放在指定点？

⑨ 作业安全宣导的标语，是否贴在最引人注意的地方？

⑩ 经常使用的楼梯、货品放置台是否有摆置不良的地方？

⑪ 设备装置与机械是否依安全手册置于最正确的地点？

⑫ 机械的运转状况是否正常？润滑油注油口是否有油漏到作业地板上？

⑬ 下雨天，雨伞与伞具是否放置在规定的地方？

⑭ 作业现场是否置有危险品？其管理是否妥善？是否做了定期检查？

⑮ 作业现场入口的门是否处于最容易开启的状态？

⑯ 放置废物与垃圾的地方，是否通风系统良好？

⑰ 日光灯的台座是否牢固？是否清理得很干净？

⑱ 电气装置的开关或插座是否有脱落的地方？

⑲ 机械设备的附属工具是否凌乱地放置在各处？

⑳ 员工对管理者的要求与注意点是否都能深入地了解，并依序执行？

㉑ 共同作业的同事是否能完全与自己配合？

㉒ 其他问题。

十一、关注员工的状况

班组长在安排作业时，一定要多加考虑员工的状况，千万不可为了赶工而无理地要求员工做超时的作业，这是很危险的作为。员工在追求高效率作业时，也要适时地调整自己的身体状况，不可以将企业安排的休养时间，做过度刺激的娱乐活动，这样不但失去休养的意义，还会降低工作效率，在最糟时，甚至会发生悲惨的事故。

班组长对班组成员在作业中的情绪尤其要加以注意，不良情绪往往是事故的肇因。通常来说，班组长要留意以下事项。

① 员工对作业是否持有轻视的态度？

② 员工对作业是否持有开玩笑的态度？

③ 员工对管理者的命令与指导是否持有反抗的态度？

④ 员工是否有与同事发生不和的现象？

⑤ 员工是否在作业时有睡眠不足的情形？

⑥ 员工身心是否有疲劳的现象？

⑦ 员工手、足的动作是否经常维持正常状况？

⑧ 员工是否经常有轻微感冒或身体不适的情形？

⑨ 员工对作业的联系与作业报告是否有怠慢的情形发生？

⑩ 员工是否有心理不平衡或担心的地方？

⑪ 员工是否有穿着不整洁的作业制服和违反公司规定的事项？

⑫ 其他问题。

十二、监督员工穿戴劳保用品

劳保用品的最大作用就是保护员工在工作过程中免受伤害或者防止形成职业病。但实际生产中很多员工对此意义理解不够，认为劳保用品碍手碍脚，是妨碍工作的累赘。这就要求班组长持续不断地加强教育，严格要求，使之形成习惯，绝不能视而不见。

劳保用品在预防职业危害的综合措施中，属于第一级预防部分，当劳动条件尚不能从设备上改善时，还是主要防护手段。在某些情况下，如发生中毒事故或设备检修时，合理使用劳保用品，可起到重要的防护作用。劳保用品按照防护部位分为十类，具体如表10-5所示。

表10-5 劳保用品的分类

序号	类别	作 用
1	安全帽类	用于保护头部，防撞击、挤压伤害的护具。主要有塑料、橡胶、玻璃、胶纸、防寒和竹藤安全帽
2	呼吸护具类	预防肺尘埃沉着病和职业病的重要护品。按用途分为防尘、防毒、供氧三类，按作用原理分为过滤式、隔绝式两类
3	眼防护具	用以保护作业人员的眼睛、面部，防止外来伤害。分为焊接用、炉窑用、防冲击、防微波、防激光以及防X射线、防化学、防尘等眼护具
4	听力护具	长期在90分贝（A）以上或短时在115分贝（A）以上环境中工作时应使用听力护具。听力护具有耳塞、耳罩和帽盔三类。听力保护系列产品有：低压发泡型带线耳塞、宝塔型带线耳塞、带线耳塞、圣诞树型耳塞、圣诞树型带线耳塞、带线型耳塞、经济型挂安全帽式耳罩、轻质耳罩、防护耳罩
5	防护鞋	用于保护足部免受伤害。目前主要产品有防砸、绝缘、防静电、耐酸碱、耐油、防滑鞋等
6	防护手套	用于手部保护，主要有耐酸碱手套、电工绝缘手套、电焊手套、防X射线手套、石棉手套等
7	防坠落护具	用于防止坠落事故发生。主要有安全带、安全绳和安全网
8	防护服	用于保护员工免受劳动环境中的物理、化学因素的伤害。防护服分为特殊防护服和一般作业服两类
9	护肤用品	用于外露皮肤的保护。分为护肤膏和洗涤剂
10	面罩面屏	用于脸部的保护。有防护屏、防护面屏、ADF焊接头盔等

劳保用品也不能随便使用，如操作旋转机械最忌戴手套。因此，班组长一定要监督并教育班组成员按照使用要求佩戴和使用劳保用品。在佩戴和使用劳保用品时，要防止发生以下情况。

① 从事高空作业的人员，不系好安全带发生坠落。

② 从事电工作业（或手持电动工具）的人员，不穿绝缘鞋发生触电。

③ 在车间不按要求穿工作服，或虽穿工作服但穿着不整齐，敞着前襟，不系袖口等，造成机械缠绕。

④ 长发不盘入工作帽中，造成长发被机械卷入。

⑤ 不正确戴手套。有的该戴的不戴，造成手的烫伤、刺破等伤害。有的不该戴的反而戴了，造成卷住手套带进手去，甚至连胳膊也被带进去的伤害事故。

⑥ 不及时佩戴适当的护目镜和面罩，使面部和眼睛受到飞溅物伤害或灼伤，或

受强光刺激，造成视力伤害。

⑦ 不正确戴安全帽。当发生物体坠落或头部受撞击时，造成伤害事故。

⑧ 在工作场所不按规定穿用劳保皮鞋，造成脚部伤害。

⑨ 不能正确选择和使用各类口罩、面具，不会熟练使用防毒护品，造成中毒伤害。

十三、运用目视法管理安全

目视法管理安全主要是利用颜色刺激人的视觉，达到警示的目的及作为行动的判断标准，以起到危险预知的作用。在工厂生产中发生的灾害或事故，大部分是由于人为的疏忽，因此，有必要追究到底是什么原因导致人为的疏忽，研究如何预防工作疏忽。

（一）安全色

利用安全色是很有必要的一种手段。将安全警示标志贴在需要特别注意的部位。安全色的使用标准如表10-6所示。

表10-6　安全色的使用标准

序号	类别	使用标准说明
1	红色	红色表示禁止、停止、消防和危险的意思。凡是禁止、停止和有危险的器件设备或环境，应涂以红色的标记
2	黄色	黄色表示警示。警示人们注意的器件、设备或环境，应涂以黄色标志
3	蓝色	蓝色表示指令，必须遵守的规定
4	绿色	绿色表示通行、安全和提供信息的意思。凡是在可以通行或安全的情况下，应涂以绿色标记
5	红色和白色相间隔的条纹	红色与白色相间隔的条纹，比单独使用红色更为醒目，表示禁止通行、禁止跨越的意思，用于公路、交通等方面所用的防护栏杆及隔离墩
6	黄色与黑色相间隔的条纹	黄色与黑色相间隔的条纹，比单独使用黄色更为醒目，表示特别注意的意思，用于起重吊钩、平板拖车排障器、低管道等方面。相间隔的条纹，两色宽度相等，一般为10毫米。在较小的面积上，其宽度可适当缩小，每种颜色不应少于两条，斜度一般与水平成45度。在设备上的黄、黑条纹，其倾斜方向应以设备的中心线为轴，呈对称形

续表

序号	类别	使用标准说明
7	蓝色与白色相间隔的条纹	蓝色与白色相间隔的条纹，比单独使用蓝色更为醒目，表示指示方向，用于交通上的指示性导向标
8	白色	标志中的文字、图形、符号和背景色以及安全通道、交通上的标线用白色。标示线、安全线的宽度不小于60毫米
9	黑色	禁止、警告和公共信息标志中的文字、图形都应该用黑色

（二）安全标志

① 禁止标志。禁止标志是禁止或制止人们要做某种动作。其基本形式是带斜杠的圆边框。

② 警告标志。警告标志的含义是促使人们提防可能发生的危险。警告标志的基本形式是正三角形边框。

③ 命令标志。命令标志的含义是必须遵守的意思。命令标志的基本形式是圆形边框。

④ 提示标志。提示标志的含义是提供目标所在位置与方向性的信息。提示标志的基本形式是矩形边框。

⑤ 补充标志。补充标志是安全标志的文字说明，必须与安全标志同时使用。

补充标志与安全标志同时使用时，可以互相连在一起，也可以分开，当横写在标志的下方时，其基本形式是矩形边框；当竖写时则写在标志杆的上部。

（三）安全标语

在工厂的各个地方张贴安全标语，提醒大家重视安全，有利于降低意外事件的发生率。选择和布置安全标语，并不仅仅是简单的拼凑，而要充分考虑各种因素。

① 要注意做到与周边环境的完美统一。

② 要突出本企业安全工作的重点和难点。

③ 要充分人性化。

第章
班组成本控制

导　读

　　加强成本控制，必须挖掘内部潜力，从成本产生的源头抓起，而班组是企业的最小经济单元，是原材料、物资的直接消耗载体，班组成本管理是企业成本控制的基石，所以成本管理必须从班组抓起。

学习目标

　　1.了解成本的概念、公司产品的成本构成，尤其是掌握班组的成本构成，树立成本意识。

　　2.遵守企业成本控制方面的规定，知道如何在班组的权限范围内尽可能地降低成本。

　　3.具备发现浪费现象的能力，掌握班组常见的浪费现象，并致力于带领和指导班组员工实施改善，从而提高班组生产效率、降低生产成本。

学习指引

序号	学习内容	时间安排	期望目标	未达目标的改善
1	班组长对于成本的工作职责			
2	班组成本的构成			
3	做好班组生产作业统计			
4	直接材料成本的控制			
5	辅助材料成本的控制			

续表

序号	学习内容	时间安排	期望目标	未达目标的改善
6	降低直接人工成本			
7	降低工具损耗			
8	TPM活动降低设备使用成本			
9	降低能源消耗			
10	消除劳保用品的浪费			
11	现场改善降低成本			

一、班组长对于成本的工作职责

成本控制是每一个企业成员都要关注的事情，作为班组长，更是有责任关注成本，并要力求控制成本、开源节流，具体见图11-1。

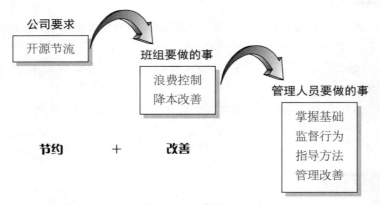

图11-1　成本控制

班组成本管理工作内容如表11-1所示。

表11-1　班组成本管理工作内容

两大方向	四个工作	班组长职责
浪费控制	掌握基础	（1）了解成本的概念 （2）了解公司产品的成本构成 （3）掌握班组的成本构成重点

续表

两大方向	四个工作	班组长职责
浪费控制	监督行为	（1）有发现浪费现象的能力，掌握班组常见的浪费现象 （2）了解浪费与公司、班组及个人的关系
	指导方法	（1）指导直接材料的收、发、存及异常处理 （2）指导班组常用生产制造费用的业务处理 （3）掌握日常表格表单填写 （4）掌握班组各项基础成本工作方法
降本改善	管理改善	（1）掌握改善的途径 （2）了解改善的内容和方向
		掌握一定的改善方法，并带领和指导班组员工实施改善

二、班组成本的构成

企业为生产一定种类、一定数量的产品而产生的各种生产费用支出的总和构成了产品生产成本。

所有在班组消耗的人力、物力、财力均是班组成本的组成部分，如图11-2所示。

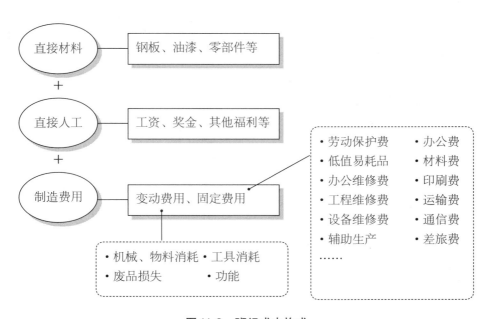

图 11-2　班组成本构成

三、做好班组生产作业统计

要做好班组成本管理，首先要做好班组生产作业统计工作。班组生产作业统计是指班组在实现生产作业计划的过程中，对生产过程各阶段中的原材料投入，在制品流转、产品生产以及作业完工情况等生产活动的动态数据所进行的收集、整理、汇总和分析，是企业生产统计的一部分。

（一）班组生产作业统计的内容

班组生产作业统计的内容如图11-3所示。

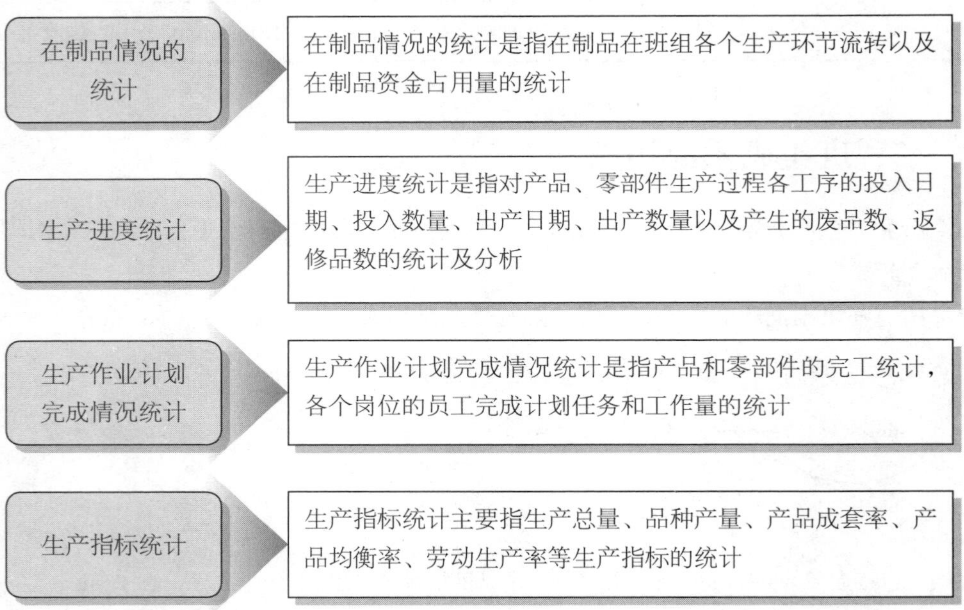

在制品情况的统计	在制品情况的统计是指在制品在班组各个生产环节流转以及在制品资金占用量的统计
生产进度统计	生产进度统计是指对产品、零部件生产过程各工序的投入日期、投入数量、出产日期、出产数量以及产生的废品数、返修品数的统计及分析
生产作业计划完成情况统计	生产作业计划完成情况统计是指产品和零部件的完工统计，各个岗位的员工完成计划任务和工作量的统计
生产指标统计	生产指标统计主要指生产总量、品种产量、产品成套率、产品均衡率、劳动生产率等生产指标的统计

图11-3　班组生产作业统计的内容

（二）与成本有关的统计表格

1.用料记录

用料记录由班组统计员、车间统计员、分厂统计员分别统计自己所在层次的用料情况，而且每日都要统计。各层次的统计数要相衔接，并与库存数相衔接，见表11-2。

表11-2 材料消耗记录

耗用单位或工序 ＼ 材料名称或类别					工作成果记录	
					半成品	成品
合计						
昨日结存						
今日领料						
今日结存						
复核:			统计人员:			

2.工时记录

班组统计员每日均需统计直接发生的工时，上报车间统计员、分厂统计员，见表11-3。

表11-3 工时记录

年 月 日

作业人员或单位 ＼ 工时	标准工时	实际工时	累计实际工时	效率分析
复核:			统计人员:	

注：班组统计在"作业人员或单位"栏填作业人员姓名，车间统计则填工序别或工段别，分厂则填车间别。

3.机器作业记录

班组统计员要做好班组机器作业记录，并分报上级统计员和机电部，车间统计员、分厂统计员分别在下级报表基础上汇总，分别报生产计划部和机电部，班组每日记录，车间每周汇总，分厂每两周汇总，见表11-4。

表11-4　机器作业记录

机器名称								
运行状况及操作人员	8:00 ~ 9:00							
	9:00 ~ 10:00							
	10:00 ~ 11:00							
	11:00 ~ 12:00							
	...							
效率统计	作业时间	停机时间	故障时间	待料时间	停电时间	其他	产量	效率
其他事项说明								
复核:								

如果出现停机故障，班组长还应填写故障报告。

4.停工统计

班组停工统计由班组统计员负责。一般车间每周汇总班组数据，分厂每两周汇总车间数据并报生产计划部，见表11-5。

表11-5　停工统计

年　月　日

停工原因／时间	待料	设备故障	设备保养	停电	作业培训	现场整顿	其他
星期一							
星期二							
星期三							
星期四							
星期五							
星期六							
星期日							
合计							
复核:					统计人员:		

5.班组生产统计日报表

班组生产统计日报表通常由统计员或成本核算员来负责填写，一般每班结束后都要有相应的报表出来，见表11-6。

班级生产统计日报表至少要体现以下内容。

① 产量：以能了解生产进度。

② 工时：以能了解实际工时的耗用。

③ 效率：以能运用绩效管理提高工效。

④ 成本方面必需的基础资料：以能准确核算成本。

表11-6 班组生产统计日报表

班组： 年 月 日

成品批号	加工单号	标志号	产品规格及型号	批量	当日完成数	累计完成数

影响生产的问题：	当日完成数：
	截止日累计完成数：
	当日所用工时：
	截止日累计工时数：
	当日每工时产量：

四、直接材料成本的控制

材料成本控制的关键点：避免不合格件和呆滞零件产生，减少库存占用。

（一）班组直接材料的领料管理

班组生产领料时必须按照规定，根据物料BOM清单和生产任务单，认真核算物料的需求量，填写物料单领单（有的企业制定有限额领料单，如表11-7和表11-8所示）向仓库领料。

表 11-7　物料申领单

制造单号：　　　　　　　　　　　　　　　申领日期：　　　年　月　日

领料部门		部门编号	
领料人		批准人	
物料用途说明			
物料形态说明	□原材料　□辅助材料　□半成品　□成品　□不良品　□其他		

物料编号	品名规格	申领数量	实发量	不足量	单价	发料人	备注

复核	仓储部经理		领料人签收	
	仓库主管			
	仓库管理员			

表 11-8　限额领料单

编号：

领料部门			仓库	
日期		至	物品用途	
计划生产量			实际生产量	

物品名称	物品编号	规格	单位	领用限额	调整后限额	实际耗用		
						数量	单价	金额

领料记录								
领料日期	请领数量	实发			退料			限额结余
		数量	发料人	领料人	数量	收料人	领料人	

计划部门：　　　　　供应部门：　　　　　仓管员：　　　　　领料部门（人）：

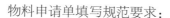

物料申请单填写规范要求：

① 班组需要领料必须由班组成本核算员或班组长先到库房领取物料申请单，填写完后再到库房领取，严禁先领料后补单据。

② 物料申请单严禁涂改，如有笔误写错，在写错的地方进行涂改，并在涂改处签字确认。

③ 物料申请单第一联，即"领料单位"联由班组留存，便于后期班组核算和查账使用。

（二）生产现场的存货管理

生产车间在生产过程中按生产计划领料后，需做好临时在现场摆放物料的储存工作。

1.现场物料保管的要求

① 凡领用的贵重材料、小材料，必须在室内规划出合适的地方放置，并加锁保管，按定额发放使用。

② 凡领用的机器设备、钢材、木材等大宗材料，若需暂时存放在生产线现场，必须堆放整齐，下垫上盖，并有专人负责。

③ 上线加工必须做到工完料净，把剩余的材料全部回收，登记入账，留作备用。

2.现场物料的堆放

① 最大化利用存储空间，尽量采取立体堆放方式，提高生产现场空间的使用率。

② 利用机器装卸，如使用加高机，以增加物料堆放的空间。

③ 车间的通道应有适当的宽度，并保持一定的装卸空间，保持物料搬运的顺畅，同时不影响物料装卸工作效率。

④ 不同的物料应依物料本身形状、性质和价值等而考虑不同的堆放方式。

⑤ 考虑先进先出的原则。

⑥ 物料的堆放，要考虑存储数量读取方便。

⑦ 物料的堆放应易于识别与检查，如良品、不良品、呆料和废料均应分开放置。

3.暂时不用物料的管理

暂时不用的物料是指由于生产要素的制约或突变，本次生产活动结束后，仍无法全部使用完毕的材料，包括呆料、旧料。

现场长时间放置上述物料，会造成串用、丢失、管理成本增大及浪费空间等负面效果。现场对暂时不用物料的管理措施如表11-9所示。

表11-9　现场对暂时不用物料的管理措施

序号	管理措施	具体说明
1	设置"暂时存放区"：即在现场划出一块区域，做上标志，将所有暂时不用的物料，封存好后移到该处	（1）只有小日程（即每个作业人员或机械从作业开始到结束为止的计划，时间从数日到数星期）计划生产的材料才可以在暂时存放区摆放 （2）虽然小日程计划生产需要，但是数量多、体积庞大，或保管条件复杂的材料，应退回仓库管理 （3）中日程（即关于制造日程的计划，时间多为一个月或数个月）或是大日程（即为期数月至数年的计划，规定了从产品设计开始到原材料、部件采购直至产品加工制造这一段时间）计划生产需要的材料，应退回仓库管理 （4）不管是现场保管还是退回仓库，都必须保证物料的质量不会有任何劣化
2	机种切换前材料全部清场	从第一个生产工序开始，回收所有剩下的物料，包括良品和不良品。点清数量后，放入原先的包装袋中，用标贴纸加以注明，然后拿到暂时存放区摆放。若不良品不能及时清退，良品和不良品要分开包装，不良品多加一道标志
3	遵守"先来先用、状态良好、数量精确"三原则	（1）暂时存放的物料要用原包装封存，若原包装破损，可用保鲜薄膜或自封胶袋处理，以防潮、防虫、防尘 （2）下次生产需要时，要优先使用暂时存放区的物料 （3）封存后的物料要定时巡查，以防不测

（三）生产现场中物料的搬运作业

1. 物料搬运基本要求

① 在工序间运送或搬运中，对易磕碰的关键部位提供适当的保护（如保护套、防护罩等）。

② 选用与物料特点相适应的容器和运输工具（如托盘、货架、板条箱、集装箱、叉车、载重汽车等），加强对容器和运输工具的维护保养。

③ 对精密、特殊的物料要防止振动和受到温度、湿度等环境的影响。

④ 在物料搬运过程中，若需通过环境有污染的地区时，应对物料进行适当的防护。

⑤ 对易燃、易爆或对人身安全有影响的物料，搬运应有严格的控制程序。

⑥ 对有防振、防压等特殊要求的物料，搬运中要采取专门的防护措施，加以明显的识别标记，并注意保护有关的标志，防止丢掉或被擦掉。

⑦ 保证正确无误地送到指定的加工、检验点。

⑧ 对搬运人员进行培训，使其能掌握必需的作业规程和要求。

2. 选择物料搬运方式

① 根据物料的种类、性质、形状、重量确定搬运方式。

② 以箱、袋或集合包装的物料采用叉车、吊车、货车搬运。

③ 散装粉粒物料使用传送带搬运。

④ 散装液态物料直接从装运设备或储存设备装取。

3. 物料搬运要领

① 搬运时，重物放于底部，重心置中，并注意各层面的放回，堆放整齐于卡板上，用液压车叉入匀速推行。

② 严禁超高、超快、超量搬运物料。

③ 物料堆叠，以不超过厂区规划道路宽度为限，高度不得超过2米为原则。

④ 人工搬运时，要注意轻拿轻放，平稳地放置到地面，谨防野蛮操作。

⑤ 物料承载运行应避开电线、水管及地面不平的地方。

（四）物料使用的管理

物料使用过程中要注意做好日常消耗检查，避免班组员工将班组物料挪作他用或者随意使用情况的发生，当发现质量、消耗量等有异常波动情况时，应及时向车间成本及工艺管理人员反馈。

（五）物料退库

1. 物料退库的要求

① 车间在生产中发现的不合格物料、包装材料可退回仓库。

② 每批产品生产结束后，在换批或换品种前，可将剩余的物料、包装材料办理退库。

③ 所退物料须包装严密，用原外包装原样包装好后，标明品名、规格、批号、数量、退库原因等。经质检员检查签字后，方可办理退库。

2. 物料退库的程序

① 由车间核算员用红笔填写"物料退库单"，经车间主任、质检员审核签字后，随同物料交仓管员，如表11-10所示。

② 仓管员接到车间人员用红笔填写的"物料退库单"后，应检查物料状态及包装情况并做好记录。

表 11-10　物料退库单

编号：　　　　　　　　　　　　　　　　　　　　　日期：　　年　月　日

退料部门		部门编号	
料号		退料理由	
名称		□物料质量有问题 □领料过剩 □其他	
规格			
数量		单位	
单价		总价	
备注			

核准人：　　　　　　　　质检员：　　　　　　　　填单人：

（六）加强呆滞料的管理

呆滞料是指长期未使用的物料，必须妥善加以管理，如图11-4所示。

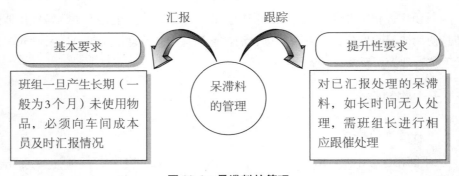

图 11-4　呆滞料的管理

五、辅助材料成本的控制

辅助材料又称为"副料"或者"副资材"，指在生产中不构成产品的主要实体，却又必不可少的辅助性消耗物料，如油脂、胶水、封箱胶纸等。零部件的量多少大家很清楚，但是辅助物料有哪些、用量多少却没有几个人清楚。其实也别小看辅助物料，一旦短缺或者变质，造成的损失也难以弥补。班组长作为现场最直接的管理人员，可以按照如图11-5所示措施来管理辅助物料。

| 使用量控制 | 要想管理好这类物料，首先一定要清楚使用量。哪些产品需要用它，台用量多少，月用量多少，这些一定要清楚地反映在台账中 |

| 厉行节约 | 即使是副资材，使用时也不能毫无节制。可以根据用量定额发放或者采用以旧换新的方法，防止浪费；对于一些容易污染环境的物品（如电池、氰化物容器），还要做好回收工作 |

| 简化领用手续 | 严格管理辅助物料，防止浪费的同时要确保方便生产现场的工作。如领一双手套要填申请单，然后分别由组长、主管、部门经理和仓库管理人员签字，才可以领到，这个过程既耽误了生产，又付出了远远不止十双手套的管理成本，得不偿失。不妨采用"柜台"或者"送货上门"的方式，做到"管理"与"方便"兼顾 |

图 11-5 辅助材料成本的控制措施

六、降低直接人工成本

人工成本是班组成本中的一个重要部分，对于一些手工作业的企业来说，这部分成本的比重还比较大，所以，降低直接人工成本非常重要，具体可从以下几个方面来进行。

（一）避免停线

要避免停线，则要做到以下几点。

① 不合格品在线下返工。

② 班组长可以随时顶岗。

③ 日常做好设备保养检查工作。

④ 开线前班组要进行人、机、料、法、环等各方面的检查。

（二）人员合理分工

1. 均衡生产，对瓶颈工位要实施改善

瓶颈工位是指在整个生产流水线中，或各生产工序中，进度最慢的工位。它又分为以下几类。

① 先后工位瓶颈，如图11-6所示。

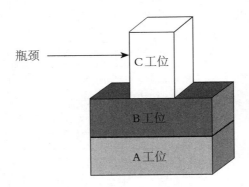

图11-6　先后工位瓶颈

存在先后顺序的工位瓶颈，将会严重影响后工位的生产进度。

② 平行工位瓶颈，如图11-7所示。

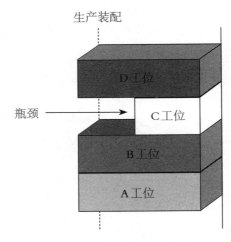

图11-7　平行工位瓶颈

　　如果瓶颈工位与其他工位在产品生产过程中的地位是平行的，那么，瓶颈问题将会影响产品配套。

　　针对工位瓶颈，主要按如图11-8所示的步骤解决。

第一步	寻找工位瓶颈所处的位置点
第二步	分析研究该瓶颈对整体进度的影响及作用
第三步	确定该瓶颈对进度的影响程度

第四步	找出产生瓶颈的因素并进行具体分析
第五步	确定解决的时间，明确责任人，解决的具体办法
第六步	实施解决办法，并在生产过程中进行跟踪
第七步	改进后对整体生产线再进行评估

图11-8 工位瓶颈解决步骤

2.灵活运用多能工

① 要制订多能工培训计划，有计划地开展多能工培养，尽量使班组成员中的每一个人都至少掌握两项以上技能。

② 建立多能工岗位表，如表11-11所示，以便于掌握本班组多能工的情况，方便在缺人的时候灵活安排。

③ 定期并有意识地调换多能工的岗位，以确保他们各项技能作业的熟练度。

④ 尽可能扩大多能范围，让更多的人成为多面手。

表11-11 多能工岗位表

序号	姓名	磁厂介入	充磁吸尘	入铜胶介子	电枢芯组入	大小壳组入	啤小壳	奈印（批号）	电检	外观检查
1	×××	☆	◇	●	◇	◇	●	※	●	☆
2	×××	●	●	◇	☆	●	※	●	※	●
3	×××	☆	☆	☆	●	※	◇	☆	☆	※
4	×××	●	●	◇	●	※	※	●	☆	◇
5	×××	※	☆	☆	●	※	●	●	※	●
6	×××	☆	※	●	●	◇	●	※	●	◇
7	×××	※	◇	●	●	☆	●	●	●	※
8	×××	☆	※	☆	☆	●	◇	◇	※	●
9	×××	●	☆	※	●	☆	●	●	◇	☆
10	×××	●	●	☆	☆	●	※	☆	●	※

注：☆表示技能优越，可以指导他人；●表示技能良好，可以独立作业；※表示具有此项作业技能，但不是很熟练；◇表示欠缺此项作业。

⑤ 必要时区别他们的特长和强项，并注意发挥使用。

⑥ 在平时工作中多注意观察、挖掘和培养。

⑦ 要确保多能工的岗位津贴保持在合理的平衡点。为此，班组长要了解本工厂的多能工薪资管理制度。

（三）尽量不要安排加班

加班需要付加班费，尤其是国家法定假日的加班，加班时间长，加班费就成了成本增加的一个重要部分。所以，班组长在申请加班时一定要谨慎，要严格按照公司的规定来申请加班与否。

七、降低工具损耗

（一）工具的使用形式

工具的使用形式有两种：一种是借用；另一种是领用。

1. 借用

不常用的工具采用借用形式，在库房填写工具借用卡，将工具借走，工具借用卡见表11-12。应注意，工具必须在规定的时间内归还，以方便其他人借用。工具归还时，归还人必须填写归还日期及归还人姓名，填写时应逐行填写，不允许两行只签一个名字。

表11-12　工具借用卡

项次	工具名称	规格	借用数量	借用日期	预定归还日期	借用者签名	实际归还	经办者签名

2. 领用

常用工具采用领用形式，填写个人或班组工具卡领用工具，工具领用卡见表11-13。工具卡一式两份，自留一份，库房一份。离岗或调岗必须办理相关的工具交接手续。个人工具应妥善保管，发生工具丢失时，个人需根据相关的规定进行赔偿。

表 11-13　工具领用卡

编号：

编号	工具名称	规格	单位	数量	领用单位	领用人	领用时间	归还时间	签收人

（二）工具的浪费控制与改善

工具的浪费控制与改善措施如图 11-9 所示。

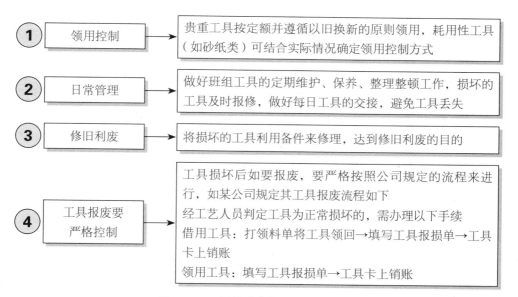

图 11-9　工具的浪费控制与改善措施

八、TPM活动降低设备使用成本

TPM的基本理念是通过提升员工的素质，达到提高设备的运作效率和品质，从而从根本上提升企业整体的运作效率。所以，TPM就是追求生产作业系统效率最大化。

（一）设备使用和维修的基本概念

设备的操作者往往是处于基层的班组成员，操作者不仅需要关注怎样能够正确地操作设备，而且还要关心怎样才能提高设备的有效功率，也就是最大限度地发挥设备的作业功能。在设备使用和维修方面必须有以下基本概念，如表11-14所示。

表11-14　设备使用和维修的基本概念

设备使用	设备维护
规范操作	自行点检
清理清洁	防缺陷
不超负荷运转	订立设备故障风险分析表
安全运行	清理清洁

（二）进行自主保养

1.自主保养的四个法则。

① 要树立谁操作，谁负责的原则。

② 要细心爱护自己操作的机器。

③ 要成为专业的设备操作者。

④ 要学会运用可视化管理的手段，检测设备运行的状态。可视化管理是设备管理最为直接的工具。可视化管理的对象是设备的运行状态，以保证操作者操作正确无误，对于所出现的设备劣质化能够迅速采取措施使其迅速恢复。运用可视化管理是推行自主保养的关键步骤。

2.自主保养的零缺陷目标

改变员工的观念：改变设备管理和操作的习惯，树立故障是可以预防的，它不是必然的，而是人为的观念。故障预防方式如表11-15所示。

表11-15　故障预防方式

运行状态维护	清扫、润滑、紧固
运行条件维护	电压、电流、温度等
劣质化复原	点检、及时复原
设备改进	故障成因分析
必要的备品、备件	定期检查备件库存
提高操作水平	使用和维护的知识

3.自主保养的七个步骤

自主保养是日常班组活动的主要内容，可以作为班组的绩效考核指标，借此推动以班组为基础的自主保养活动。自主保养的七个步骤如图11-10所示。自主保养七步法检查见表11-16。

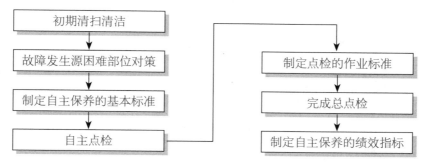

图11-10　自主保养的七个步骤

表11-16　自主保养七步法检查

阶段	步骤	定义	活动内容	目标	工具
1	准备阶段，强化推行6S	清楚作业区域	移走不用的物品	设备工具定置化	确定活动区域
2	初期清扫	清洁设备的作业区域	确认故障发生源、困难位置等	彻底清除设备上的污染	设备管理不合理检查表
3	制定故障发生源、困难位置对策	寻求困难位置的解决方案	缩短清扫时间	改善清扫活动的条件	提出解决不合理的对策
4	制定清扫清洁的作业标准	编写作业标准书	进行润滑等基本培训	设定短期改善目标	修订目标
5	总点检，令设备复原	令设备恢复运行动能	检修所有的零部件，令设备恢复原有的性能	制定短期点检的时间表	各种标准
6	自主点检	依据标准，进行自我保养活动	推行零故障活动	设备彻底复原	自主点检的检查表
7	设备运行环境改善	改善作业区环境，保证设备的运行质量	杜绝设备因质量问题重复加工的浪费	实现质量保证	CPK，FMEA，FTA
8	按照指定的标准持续改善	按照制定的作业标准，持续改善	持续改善TPM的管理	切实落实PDCA	MTBF/MTTR

（三）班组设备保养实际操作要领

1.清扫、清洁

5S清扫、清洁和TPM的关系最为密切，所以班组长要做的第一件工作就是严格考核设备作业区的整洁度，比如机台、机座、机身等，并且指定专人负责。企业则应制定与5S相关的设备清洁和清扫制度，如表11-17所示。

表 11-17　设备清洁和清扫规程

步骤	活动内容	设备管理目标	员工自我管理目标	管理层的支持
1　清扫清洁	以设备为中心，清除设备作业区内的杂物和垃圾	（1）清除作业区内的杂物、垃圾 （2）杜绝可能存在的隐患 （3）防止设备老化 （4）使检测设备更加方便	（1）树立清扫就是检验的风气，让每天的清扫和清洁成为检查设备的过程 （2）提高员工的观察能力和动手能力 （3）把清扫和清洁作为班组的每日工作	（1）以直接操作作为培训的基本方法，传授关于污染、老化的基本知识 （2）强调润滑的重要性 （3）强调清扫就是检验
2　故障发生源的对策	对发生源采取对策，改善清扫困难的地方	（1）清扫清洁设备上的油垢、铁锈、杂物等，确保设备运行的可靠性 （2）确保设备的清洁状态，提高保修性	（1）通过培训，使员工掌握设备运行的工作原理，改善引起设备污染的环境，寻求避免污染的方法 （2）奖励做出成效的员工，唤起员工的兴趣	（1）学些机械的工作原理，确立设备观察分析点 （2）培训员工掌握分析的方法和改善的方法 （3）消除员工等待外援的习惯
3　制定清扫清洁的作业标准	培训润滑技能，全面检查润滑保养，订立清扫润滑时间表，形成管理润滑制度	（1）改善加油困难的地方 （2）实施目测管理 （3）预防设备劣化	（1）明白清扫作业标准的重要性 （2）制定个人实施的标准 （3）学习设备管理，使个人作用和集体行动相结合	（1）准备润滑管理的操作标准，通过操作，让员工掌握润滑的方法和检验标准 （2）制定清扫和润滑的作业标准，并且进行相关的培训和指导

员工在每天交接班的时候，要登记和检查当日设备的运行数据，记录内容如表11-18所示。

表 11-18 设备运行数据记录

项目	8:00	10:00 ~ 12:00	12:00 ~ 15:00	15:00 ~ 17:00	17:00	备注
订单号/产品						
计划产量						
实际产量						
实际运作时间						
停机记录						

第一时间排除设备故障。每次发生故障都需要做好详细的记录，作为预测性维护的数据提供给设备维护部门参考。

设备故障发生信息记录表

故障发生时间	14:34
故障排除时间	16:10
故障类型	零部件磨损失效
生产时间损失	183分钟
不合格品数量	93件
备注	接连发生4次

2.设备操作规范化

设备操作规范化的步骤如图11-11所示。

第一步	编写设备手册
第二步	编写操作规程。设备操作规程包括设备运行的环境要求，比如防尘、湿度、温度、电流、电压、润滑等。同时要根据生产计划，做好设备负荷的规划。防止设备超负荷运行或者带故障运行。设备负荷指的是设备适合的加工对象以及正常的运行速度等指标
第三步	培训员工使其熟悉设备操作程序，帮助操作工培训，持证上岗
第四步	定期举行关于设备操作知识的考核

图11-11 设备操作规范化的步骤

3.点检和保养规范化

点检是周期性地检查评估设备能用的程度或者磨损的程度。点检根据点检指导书操作，可以是操作者或是专门的技术人员负责。企业编制点检作业指导书、制作点检记录表。指导书包括点检的工具和步骤、规格等管理指标，班组长对点检结果负责。

4.合理使用机器，使换模、调机程序标准化

合理使用机器的措施如图11-12所示。

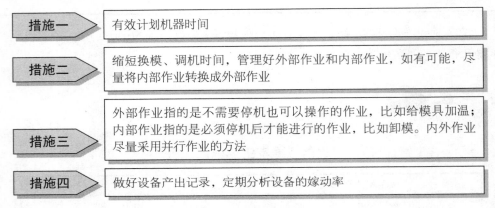

图11-12 合理使用机器的措施

九、降低能源消耗

（一）降低能源消耗的方法

① 班组确定各水、电、气的责任人，在没有人工作时必须关闭阀门和电源。
② 对未按班组能源管理要求执行的员工要及时给予指正。

（二）降低能源消耗的措施

降低能源消耗的措施如图11-13所示。

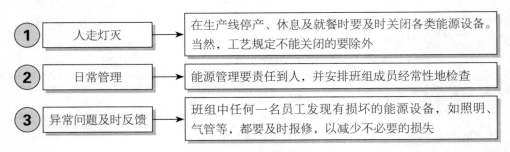

图11-13 降低能源消耗的措施

十、消除劳保用品的浪费

劳保用品也是班组成本中的一个部分，许多人常常忽略这一部分，随意领用、丢弃，从而导致成本增高，在成本控制上也要对这方面加以控制。

（一）领用控制

班组应根据公司劳保用品的定额进行领用，避免超定额领用情况，如确实有异常情况，应该提交申请由车间成本员负责处理。同时，要坚持以旧换新领用的原则。

（二）日常管理

班组长要不断给员工灌输劳保用品是员工的福利，不允许挪作他用，同时要做好日常使用的检查，尤其是手套类产品。有异常情况发生时，班组长要及时反馈，便于车间与采购单位联系，以优化产品质量。

（三）回收利用

有些产品是可以回收利用的，如手套可以清洗后再使用。

（四）质量优化

班组长应对存在问题的劳保用品提出改进意见，如发现有质量问题，更要通过车间成本员将情况反馈到采购单位，以使采购单位采购性价比更好的产品。

十一、现场改善降低成本

浪费是成本虚高之源，要降低班组成本，必须要找到班组中的浪费，并消除它。在工业生产中，凡是不能直接创造出价值的一切活动，均视为浪费。

有一名青年，在美国某石油公司工作。他的学历不高，也没有技术，每天的工作就是巡视并确认石油罐盖有没有自动焊接好。石油罐在输送带上移动至旋转台，焊接剂便自动滴落下来，沿着盖子回转一圈，作业就算结束。他每天如此，反复好几百次地注视着这种作业。没几天，他便开始对这项工作厌烦了，他很想改行，但一时又没有更好的工作，更何况工作并不好找。他想，要使这项工作有所突破，就必须自己找些事做。

从那以后，他更加专注于这项工作，并在工作时更加仔细地观察焊接工作。他发现罐子旋转一次，焊接剂滴落39滴，焊接工作结束。如果能将焊接剂减少一两滴，是不是能节省成本？于是，他经过一番研究，终于研究出"37滴型"焊接机。但利用这种机器焊接出来的石油罐，偶尔会漏油，不实用。他并没有因此而灰心，又研制出"38滴型"焊接机。这个发明非常完美，公司对它的评价很高，不久便生产出这种机器，改用新的焊接方式。

虽然节省的只是一滴焊接剂，但这"一滴"却使公司每年可节约一笔十分可观的支出。这名青年就是后来掌握全美制油业95%实权的石油大王——洛克菲勒。

现场改善的内容，不是那些宏观、抽象的事物，而是在每天的工作中，努力发现浪费、勉强、不均等具体问题，并着手将其消除，从而改善品质，节约经费，缩短工时。

① 浪费（无效）：负荷不足的不饱和状态。

② 勉强（不合理）：超过能力界限的超负荷状态。

③ 不均（不均匀）：在超负荷和不饱和之间波动的状态。

一台蓄电池叉车，能力为110～130卡板/天（往返40米）。

适量：每日负荷120卡板。

勉强：每日负荷150卡板。

浪费：每日负荷70卡板。

不均：上午负荷30卡板，下午负荷90卡板。

（一）班组现场中有哪些浪费

班组在生产现场中常有不产生价值的时间，即等待，这是最常见的浪费。工厂中常见的浪费还有搬运、寻找、取放、转身、返工、翻转等。尽管作业者很卖力，但认真想想，许多生产动作真的有必要吗？详见表11-19。

表11-19　现场常见的浪费示例

现象（例）	不合适处
物料从仓库送到生产线，用了一半又退回	多余搬运、场地占用
加工用具放在身后3米处，每次转身去拿	转身浪费、步行浪费
工具要用时总是难找到，有时临时发现没有了	寻找浪费、等待浪费
每次花了很长时间调机，材料也用了不少	转换浪费、不良浪费

抱着这样的观念去巡查生产现场，一定可以发现在生产现场的作业中，存在着大量的浪费。现场改善的出发点，就是要分辨出哪些现象是合理的，哪些是不合理的，

然后改变方法努力将产生浪费的不合理现象消除。基于这种理念，在工厂生产中可发现以下七大浪费现象。

1.超量生产造成的无效劳动

生产超额完成任务、过多的制造和提前生产，常被认为是好事，其实它是一种浪费，结果是生产过剩的成品、在制品堆满生产现场和仓库，增加了面积、运输、资金和利息支出。由于有了储备，还掩盖了生产过程的许多矛盾，养成了懒散的管理作风。具体来讲：

① 提早消耗原材料；

② 浪费人力及设备；

③ 增加机器负荷；

④ 资金占用，增加利息负担；

⑤ 增加额外的场地储存货物；

⑥ 增加搬运和管理的成本。

2.库存过多的浪费

不少企业认为库存是必要的，多一点储存多一点保险。但同时又发现资金都积压在原材料、在制品和成品上，企业的利润有相当一部分被贷款利息抵消了；由于库存过久，还会产生锈蚀变质；在加工或装配之前，又得花上很多时间去修整；在制品和库存物资需要很多人去清点、整理、整顿。这种无效劳动和浪费隐藏在企业的每个角落。库存过多造成的浪费如表11-20所示。

表11-20 库存过多造成的浪费

序号	库存过多造成的浪费	具体说明
1	产生不必要的搬运、堆积、放置、防护处理、找寻等浪费	当库存增加时，搬运量将增加，需要增加堆积和放置的场所，需要增加防护措施，日常管理和领用时需要增加额外时间，甚至盘点的时间都要增加等，这些都是浪费
2	使先进先出的作业困难	当库存增加时，以铜管为例，新入厂的铜管压在原来的铜管上，先入库的要想优先使用，就必须进行额外的搬运。而如果为省事，先使用新入厂的铜管，原来的铜管长期放置会带来质量等一系列问题的发生
3	损失利息及管理费用	当库存增加时，用于生产经营活动的资金会大量沉淀在库存上，不仅造成资金总额增大，还会增加利息和库房的管理费用。而这些常常隐含在公司的管理费用中，只有专门列出，才能发现存在问题的严重性，进而正视它，并努力解决

续表

序号	库存过多造成的浪费	具体说明
4	物品的价值会降低，变成呆滞品	当库存增加时，库存量会大于使用量，甚至会造成长期的积压，特别是当产品换型时，这种问题可能会变得更加严重
5	占用厂房空间，造成多余的工场、仓库建设投资的浪费	当库存增加时，就需要额外增加放置场所。某工厂由于钢材等的增多，不得已新增了材料置场，新增加了投资，却没带来效益

3. 等待的浪费

等待就是坐等下一个动作的来临，这种浪费是毋庸置疑的。造成等待的原因通常有：作业不平衡、安排作业不当、停工待料、品质不良等。以制造部性能试验室等待电控盘为例，由于电控盘不能按要求及时入厂，有可能无法按期交货，而当电控盘入厂后，又需要抢进度，可能会出现加班、质量问题等；另有一种就是"监视机器"的浪费，有些工厂买了一些速度快、价格高的自动化机器，为了使其能正常运转或其他原因，例如：排除小故障、补充材料等，通常还会另外安排人员站在旁边监视。虽然是自动设备，但仍需人员在旁照顾，特称为"闲视"的浪费；又如在产品检测过程中，调试人员和核检人员站在产品旁边等待；还有，由于劳动分工过细，生产工人只管生产操作，设备坏了要找修理工，检查质量要找检验工，更换模具要找调整工，这些停机找人等待都是浪费；在生产上，人操作机床期间，设备维修等那些非直接生产工人也都在等待。

4. 搬运的浪费

搬运在工厂里是必要的，但搬运不产生任何附加价值。有些工厂由于平面布置、物流组织不合理，造成搬运路线过长，中转环节过多，不仅增加了搬运费用，还会带来物体搬运中的损坏和丢失，这些都是浪费。

5. 动作上的浪费

工位布置不合理，使用工具和操作方法不得当，都会造成动作上的浪费。一个作业人员的劳动可以分成三个部分：

① 纯作业，即创造附加价值的作业；

② 无附加价值但又必需的作业，如装卸作业和搬运作业；

③ 无效劳动，即作业中毫无必要的劳动动作。

据美国工程师协会统计，纯作业仅占加工作业的5%，其他两项作业占95%，可见动作中的浪费比重之大。

6. 加工本身的无效劳动和浪费

在机械加工作业中，由于没有贯彻工艺或者工艺本身的问题，因而造成加工工时过多、工具耗用过度、损坏加工设备、降低工作质量等浪费。

7. 制造不良品的浪费

在生产过程中出现废品、次品、返修品，无疑是一种浪费。如果质量缺陷未被发现而流入市场，造成用户要求索赔、退货，以致工厂信誉的损失，那将是严重的浪费。

（二）运用3U MEMO法找出浪费

发现存在于工作现场的3U［不合理（Unreasonableness）、不均匀（Unevenness）、浪费和无效（Uselessness）］，使其显在化，这就是3U MEMO。

1. 3U MEMO的目的

让监督者仔细观察自己的工作现场，培养洞察力，作为作业改善的着眼点。

2. 运用方法

① 发现问题（不合理、不均匀、浪费和无效）时就做记录。

② 即使没有改善方案也要养成记录的习惯。

③ 有答案时将结果填入3U MEMO表里。

3. 应用范围

① 将结果当作改善提案提出。

② 作为提案的附件，则更具效果。

③ 可利用于组织制度等的改善活动。

④ 可活用于QCC品管圈活动。

⑤ 可作为技术信息搜集的横向发展。

4. 3U MEMO的填写程序

3U MEMO在填写问题点阶段，应利用5W1H，掌握定量的实际情形，如表11-21所示。

表11-21 3U MEMO

部门		姓名
作业内容		
要点	工序	□1.不合理 □2.不均匀 □3.浪费

日期 略图	问题点
解决方案	实施日期 简图

说明事项	成果	与提案的关系
	金额	

5. 3U MEMO 实施改善手法

① 目不转睛地观察5分钟。

何事（What）。

为何（Why）。

何处（Where）。

何时（When）。

何人（Who）。

何种方法（How）。

② 找出人、材料、设备、方法等的不合理、不均匀、浪费和无效。

3U检查见表11-22。

表11-22　3U检查

项目	作业者	机械、设备	材料
勉强	（1）作业人员是否太少 （2）人员的调配是否适当 （3）能否工作得更舒服一点 （4）能否更为清闲一点 （5）姿势 （6）处理方法有无勉强之处	（1）机械的能力是否良好 （2）机械的精度是否良好 （3）计量器具的精度是否良好	（1）材质、强度是否有勉强之处 （2）是否有难以加工之处 （3）交货期是否有勉强之处

续表

项目	作业者	机械、设备	材料
浪费	（1）有无"等待"的现象 （2）作业空暇是否太多 （3）有否浪费的移动 （4）工作的程序是否良好 （5）人员的配置是否适当	（1）机械的转动状态如何 （2）钻模是否妥善地被活用 （3）机械的加工能力（大小、精度）有无浪费之处 （4）有否进行自动化、省力化 （5）平均的转动率是否适当	（1）废弃物是否能加以利用 （2）材料是否剩余很多 （3）修正的程度如何 （4）有无再度涂饰
不均	（1）忙与闲的不均情形如何 （2）工作量的不均情形如何 （3）个人差异是否很大 （4）动作的联系是否顺利，有无相互等待的情形	（1）工程的负荷是否均衡 （2）有否等待的时间、空闲的时间 （3）生产线是否平衡，有无不均衡的情形	（1）材质有无不均的现象 （2）有无发生歪曲的现象 （3）材料是否能充分地供应 （4）尺寸、精度的误差是否在允许的范围之内

（三）进行现场改善

找到浪费的情况后，要运用IE手法、QC手法等与同事共同商讨对策并实施。

1.IE手法

IE就是指工业（Industrial）和工程（Engineering），是由两个英文字母的字首结合。

IE手法包括：方法研究（程序分析、动作分析）、作业测定、布置研究、生产线平衡等。在现场IE里，IE七大手法包括：程序分析、动作分析、搬运分析、动作经济原则、作业测定、布置研究、生产线平衡。

2.QC手法

QC手法有新旧之分，QC旧七大手法包括特性要因分析图、柏拉图、查检表、层别法、散布图、直方图、管制图。QC新七大手法包括关系图、系统图法、KJ法、箭头图法、矩阵图法、PAPC法、矩阵数据解析法。

关于QC手法的具体应用请参阅本系列书籍中《品质管理与QCC活动指南（实战图解版）》第十二章的内容。